高敏感妈妈需要好妈妈

[德] 凯瑟琳·博格霍夫 ◎ 著
张林夕 ◎ 译

广东经济出版社
·广州·

© 2020 Beltz Verlag In the publishing group beltz · Weinheim Basel
The simplified Chinese translation rights arranged through the Rightol Media:
本书中文简体版权经由锐拓传媒取得

图书在版编目（CIP）数据

好妈妈需要高敏感／（德）凯瑟琳·博格霍夫著；张林夕译. —广州：广东经济出版社，2024.5
ISBN 978-7-5454-9152-4

Ⅰ. ①好… Ⅱ. ①凯…②张… Ⅲ. ①家庭教育—教育心理学 Ⅳ. ①G780

中国国家版本馆 CIP 数据核字（2024）第 023501 号

版权登记号：19-2023-348

责任编辑：陈念庄 李 璐
责任技编：陆俊帆
责任校对：罗玉琪

好妈妈需要高敏感
HAO MAMA XUYAO GAO MINGAN

出版发行	广东经济出版社（广州市水荫路11号11~12楼）
印　　刷	广州市豪威彩色印务有限公司
	（广州市增城区宁西街新和南路4号）

开　　本：	880mm×1230mm 1/32	印　张：	7
版　　次：	2024年5月第1版	印　次：	2024年5月第1次
书　　号：	ISBN 978-7-5454-9152-4	字　数：	150千字
定　　价：	58.00元		

发行电话：(020) 87393830　　　　　编辑邮箱：Joycechen17@126.com
广东经济出版社常年法律顾问：胡志海律师　部门电话：(020) 38306091
如发现印装质量问题，请与本社联系，本社负责调换。

版权所有 · 侵权必究

前　言

当我还没有孩子的时候，从没想过生活会变成这样。我清清楚楚地记得在第一次孕检呈阳性之前，我一直觉得生孩子并非难事。我以为这是世界上最容易的事情，毕竟几乎所有女性都会生孩子。我会设想自己如何在工作之余轻轻松松地养育一个孩子，维护自己的婚姻，甚至培养一些爱好。我以为孩子能丰富我生活的方方面面，和谐地融入我现有生活的空隙之中。

直到我成了一名母亲。

那是 12 月一个寒冷的星期六，我们忘了买菜，于是我晃进超市。正当我买好东西排队结账时，我看到了他们——另一条队伍中的一对年轻夫妇，可能不到 30 岁，和我第一次当妈妈时年纪相仿。这个年轻的妈妈很漂亮，化了妆，衣服也很好看。她看起来活力满满，心情不错。她的丈夫看上去是个爱运动的人，身材精干，正推着购物车，而车里有一个小宝宝。宝宝睡着了，她盖着毯子、叼着奶嘴、抓着安抚巾，安静极了。我成为一名妈妈已经6年了，此时此刻我胳膊下夹着煮汤的菜、头上戴着毛线帽子在超市排队，我忍不住开始拿自己同<u>他们</u>比较。我的心里涌出一股羡慕之情，因为<u>他们</u>看起来是那么怡然自得、那么和谐、那么轻松。我观察着他们的一举一动，打量着妻子的妆容和丈夫的表情。我试着把他们归类为某种人，还想要透过毯子偷看小宝宝长什么样，但都失败了。我绝望地站在那里，拼命想找到一个借口安慰自己"<u>他们</u>并不比我强"。

然而其实我在心里暗自想：<u>他们</u>在这么拥挤的超市带着那么小的婴儿，但看起来却快乐得令人羡慕。他们是怎么做到的？

在有孩子之前，我也设想过像购物这样的小事应该很简单。我也试过带着宝宝去药店买尿布，或是去有机超市，因为要给他买有机且新鲜的食物——我想要事事完美……但是，带宝宝出门也意味着要为所有突发状况做好准备。而越谨慎，要准备的就越多。我永远不知道儿子什么时候会饿，我也讨厌在公共场合喂奶。有了孩子，一切事情都变得难以预测。每当我渴望轻松、摆脱无助的时候，宝宝就会在这时干扰我。但我依然会去药店，而且很快这里成了我唯一会去的地方，因为在这里能买到孩子这个时期所需要的所有东西。如果我忘了什么东西，也只会回到这里。因为在明亮嘈杂的超市里，孩子的每一声啼哭、每一句呢喃都会带给我巨大的压力，让我难以承受。

前言

我害怕超市里他人的目光；也一直会怀疑自己太愚蠢了，根本没有能力带着孩子来购物；更害怕结账排队时漫长痛苦的等待，我会浑身发抖，汗流浃背，因为担心孩子随时哭起来……不，带着孩子购物、出门或者做其他日常小事都不容易，每次都是一场让我筋疲力竭的酷刑。

这对年轻夫妇一边收拾东西一边欢声笑语。他们一直在笑，这让我很不爽。他们掀开毯子，给宝宝调整好奶嘴的位置。而我面无表情地在心里嘀咕：这个精致的小姑娘估计不是母乳喂养吧。他们亲吻对方，我则在心里问自己，在我生完两个孩子之后丈夫还觉得我有吸引力吗？我的肚子看起来还像怀孕五个月一样。唉，我到底在心里自言自语什么？我已经是6岁孩子的妈妈了，我应该更成熟了。

然后事情就发生了。那位爸爸突然扶了扶额头，夫妻两人讨论了几句。接着我看到他有礼貌地挤过人群，走出了超市。

这完全不关我的事，但我心中却出现了一丝恐惧和紧张。我预感他们的孩子马上就要开始哭了，其他人都会转头看过来，然后那位妈妈连忙冲着孩子"嘘、嘘、嘘"，随后把奶嘴重新塞回孩子嘴里，接着她脸上的妆会花掉，头发也会粘在额头上。而我的呼吸也会跟着急促，开始感同身受。哦，天哪，我做新手妈妈时的记忆历历在目，时常折磨着我……

轮到我了，我把蔬菜放到传送带上。我必须付钱、和收银员打招呼、道谢、收好东西且一件不能落下、继续走、不要绊倒、要有礼貌、保持眼神交流、听好结账的提示音……有几秒钟我无暇关注那个教科书般的三口之家,这让我很焦躁。那个丈夫去哪儿了?他去做什么?他为什么把妻子、孩子单独留在这儿?妻子觉得没关系吗?宝宝为什么没有哭?有人帮她把所有东西都放到传送带上吗?

"祝你拥有美好的夜晚!"收银员说道。我友好地回应完,慢慢走向出口。寒风呼呼地吹在我的脸上,我把外套穿好,再一次回头看。轮到他们结账了,而丈夫还没有回来。她的孩子才几周大,而她一个人在结账。她把购物车里的东西一样一样放到传送带上,我看到她就那样一边微笑着和收银员交流,一边把推车转过来,露出了宝宝。收银员看到宝宝后捂着脸说:"哦……",而她继续微笑着回应,没有人在背后抱怨她,世界一切照常运行。

她怎么能同时做这么多事?为什么与此同时她还看起来轻松得离谱?以及她的丈夫到底去了哪里?

接着我看到了她的丈夫。他冲过停车场向入口跑来,手上拿了一个落在车上的篮子。他的腿没有断,也没有戏剧化的情节。继续走吧,这没什么好看的。然而当我再次转身时看到他回到了妻子身边。这对轻松愉悦、衣衫整洁、精心打扮、身材紧致的夫妇把东西都放进篮子,其间还与他们爱的结晶——小宝宝做着亲密互动,这种幸福也传递给了收银员,整个空间都洋溢着美好的气氛。他们付了钱,收拾好东西,微笑着点头致意,然后轻松地离开超

前 言

市，情绪稳定。仿佛带孩子逛超市根本就是小菜一碟。

我晃晃脑袋，放低了视线。随后眼前浮现起她健康的肤色、精致的眼影以及这幸福的三口之家的画面。我安慰自己这只是他们生活的一面，我不知道背后的故事。也许他们也会失眠，也许她只有在他提前下班的时候才有时间洗个澡。也许他一出门她就会开始不安——你只能看到表面现象。但这个表面现象已足够吸引我，因为我从来没有拥有过。

当我还没有孩子的时候，从没想过生活会变成这样。但我错了，事实是：在我生孩子之前是一种生活，而生孩子之后是另一种生活。我曾经以为养孩子是世界上最容易的事情，但它其实是我迄今为止面临的最艰难的挑战。

也许这正是你拿起这本书的原因，因为孩子到来后的生活与你想象中的截然不同。平凡琐事也成了麻烦，至少表面上看起来是这样。你浑身不舒服，购物之类的日常事务也很快会带给你压力。你感觉精疲力竭，但似乎周围的人都能轻松完成同样的事，而且完成得很好。你忍不住比较，但又缺少参照物和标准帮你学习成为另一种人，一种不为做母亲、陪孩子、做家务和思考所累的人。

不管是什么促使你读这本书，我想我们都有一点共识——你的直觉告诉自己，你无法改变自己的本性，也无法逃离自己的思绪。而且在你的内心深处，你其实根本不想改变。

▶ 好妈妈需要高敏感

你和我以及数百万其他女性都有一个共同点,即高敏感。而在你成为妈妈之前几乎从未仔细思考过这个奇妙的性格特点。这并不奇怪,因为要想阻止生活吞噬你,你需要的主要是休息、放松和平静。简而言之,就是你生了孩子之后所失去的那些东西。你、我和千千万万的母亲都陷入这种困局:看到超市里年轻靓丽的小夫妻,会对他们那种看起来非常正常、平平无奇的生活既羡慕又嫉妒。但如果不去和"他们"比较,也就不存在高敏感了。

在过去的五年里,我的职业生活和一部分私人生活都献给了对"高敏感"人格的迷恋,我对它的喜爱超过了一切。最初仅仅是一些兴趣,后来我开始自己钻研、搜集资料、开展学术研究,最后我开始做相关课题的咨询和教练工作。

接下来的内容中,我想带你进入高敏感母亲的世界、进入你的世界。你的个人之旅从今天开始,或至少从这里开始。你有勇气打开这本书,也许是因为你不再想羡慕那些自由应对平凡琐事的母亲。但值得肯定的是,你知道自己值得花时间读这本书。高敏感使你与众不同,它是你最美丽的配饰,**绝对不要再试图摆脱它了**。

相反,我们要在这本书中一起练习如何不与他人比较。这不仅适用于在超市里看到其他夫妻的场景,也适用于周围人的言论,让你不被身边人的话影响。这意味着告别你的旧生活,就像脱掉一件旧外套一样,它忠诚地服务了你多年,但如今变得太紧了。迎接你的新生活吧,在新生活中，你的弱点、缺陷和所有你想抛弃的东西都会成为你闪亮的光彩。

在我近年来被迫经历的心路历程中，我意识到生活有两种：一种是在我不理解自己的高敏感性时，我只能在某种程度上应付一切；另一种是有了清晰的自我认识，一切都不一样了。一种是高敏感毫无益处；另一种是高敏感助我前行，它就在那里陪伴着我，即使我还有很长的路要走。我可以向你保证，如今它已经是我忠诚又仁爱的伙伴，我期待向你分享我们是如何成为朋友的。

亲爱的读者，欢迎你走上与自己高敏感性相伴而行的一条生活之路。

目 录

第一章 高敏感不是病   1
寻求治疗的安妮特   1
生来高敏感   5
挣扎于融入社会和缺乏归属之间   6
内向与外向   10
旅途即是目标   14

第二章 高敏感和母性   17
开始全新生活的凯瑟琳   19
从高敏感女性到高敏感母亲   22
高敏感母亲的隐患   26

第三章 什么是高敏感   31
研究现状   32
你是高敏感人群吗   35
高敏感妈妈的其他特点   36
压力与高敏感性   43

高敏感性、过滤器与刺激处理　　　49
排山倒海般的细小刺激　　　54
普通敏感与高敏感大脑的区别　　　57

第四章　如何应对压力　　　62
正念——福祸相存　　　62
用尽方法仍难以放松的塞巴斯蒂安　　　63
情绪是你与生俱来的权利　　　69
神经可塑性　　　72
如何学习克服恐惧　　　74
迎接改变　　　84
当紧急程序启动时　　　88
提升自我评价　　　91
积极的压力管理　　　98

第五章　划清边界，守护边界　　　101
高敏感人群的边界问题　　　102
划界与共情　　　103
建立自己的庇护所　　　110
核心问题——易反应过激　　　112
最佳激活水平　　　118
英格丽德：无尽的无聊　　　120
过度兴奋还是活力不足　　　122
生活可以没有苛责　　　125

第六章 高敏感百宝箱：从你的性格中汲取能量 126

情绪强度：感受你的感情 126

高敏感是一种资源 130

你的内心团队 136

焦虑不等于焦虑障碍 140

高敏感恐惧的艾尔克 141

获得内在指引 143

第七章 现在的你就很完美 147

高敏感母亲的局外人感受 147

格格不入的雅娜 148

社交排斥是一种痛 149

创造新的共鸣空间 153

第八章 做母亲的艺术——坚定自己的道路 156

高敏感的单身母亲茱莉亚 156

在以需求为导向的家庭结构中需要重新分配责任 158

你需要育儿方针吗 166

高敏感的父母和孩子——充满惊喜的组合 171

情感世界的大融合 174

告诉自己停下来，给自己机会找到新的解决方案 178

第九章　失去平衡——高敏感母亲在筋疲力尽时该如何做　181
筋疲力尽的凯瑟琳　181
内疚羞愧导致筋疲力尽　185
做自己的知己　189
自我批评产生的负担——萨穆埃拉　190
难以满足过高期望的感觉　192

第十章　现在做你自己　198
学会积极看待自己　198
沉浸在美与快乐之中　202
继续上路前，抛下多余的包袱　205

后　记　207
致　谢　210

第一章
高敏感不是病

寻求治疗的安妮特

安妮特（Annette）已经快 30 岁了。她来找我是因为不确定是否应该母乳喂养。她对自己做的一切都不确定，也不知道自己为孩子做得够不够多。她充满恐慌，也希望给孩子最好的。

我和她聊了一些价值观和日常生活，她给我讲了自己生孩子和第一次带孩子回家的故事。然后我告诉她，我相信她的奶水足够，也相信孩子没有问题。但我感觉这并不足以让她满意，于是我用数字、具体的指标向她解释什么才是生病，而她的孩子离生病还远得很。接下来的几周里，每当安妮特感到不安时依然会给我打电话。然后在一次电话中她透露自己患有焦虑症，一定会搞砸一切。接着她给我讲自己的孩子每天哭多少次、每次哭多久，于是我邀请这位年轻的母亲参加我的宝宝课程。第一堂课结束之后我就知道，安妮特属于高敏感性人格。

我们约好了时间仔细谈谈，她给我讲了自己的故事。我问她患有焦虑症多久了，她回答说：

---◇---

"如果这么问起来的话……其实从我记事起就一直这样。"

在上这堂课之前，安妮特从未听说过"高敏感"这个概念，更不要说面对这个问题了。在我们谈话的过程中，她哭了——因为终于有人愿意倾听并与她交谈，她也终于释然了。事实上，有一种感觉贯穿了她的人生——最好什么都不要说，反正没有人能理解你，不要给别人添麻烦，你太脆弱了。在成长过程中，人们总是给安妮特灌输"像你这样的情绪是不正常的"这种思想，而她也坚信自己一定很病态。她的恐惧不安、藏在心底的情绪、挥之不去的悲伤和突然爆发的焦虑……这些不可能是正常的。她身边几乎没人能与她感同身受，除了她的妈妈。她的妈妈也充满了焦虑与各种情绪，所以安妮特很快就找到了自己的应对策略：自己不能成为一个负担，而是要保护妈妈。

安妮特的朋友们总是对她的恐惧与焦虑嗤之以鼻，要么贬低她，要么干脆无法理解她。她看了各种医生与咨询师，对自己从头到尾进行检查。经年累月，她始终认为自己有什么病，但检查结果却一切正常。在一次全身体检的结果中，她的健康状况显示良好，没有肿瘤、没有炎症、心脏健康，一切都好。但是她并没有为此庆祝，而是产生了新的绝望：既然我是健康的，那为什么我和别人不一样？为什么我常处于深深的恐惧之中，甚至很多天都出不了门？安妮特没有停止，她继续从上一个医生预约到下一个医生。她不是在质疑自己的身体健康，而是在寻求一个合理的解释。一个能让她终于释然、告诉自己她没有疯、并非在幻想的合理解释。她迫切地想要找到一种可以将自己对号入座的病症，让她理解自己究竟为什么是这样的。最终她找到了一位神经科医生，将她诊断为"焦虑症"，并建议她开始进行心理治疗，也为她开了诊单。

几年后，安妮特做了母亲，她依然在经历同样的恐惧、同样的焦虑、同样的感受——只不过都放大了一千倍，因为她现在有了宝宝，一个她日思夜想的宝宝。但除了恐惧与焦虑，孩子也带给她无尽的爱、无穷的喜悦、强烈的幸福和斩不断的深刻联结。当然还有哭闹。孩子从早到晚地哭闹，几乎没有安静的时候，啼哭不休。孩子的需求不断，而安妮特根本不理解孩子想要什么。尽管她一切做得都很好，她爱孩子，保护他、给予他关注与关怀，有危险时挡在孩子前面，也可以放开手让孩子成长。但是她有一个想法在萌芽，这个想法也一直控制着她的生活，大概也是她痛苦的唯一原因。

"我肯定做错了什么!"

当我向安妮特解释她的大脑中发生了什么、什么又是高敏感,以及她可能根本没有焦虑症,这可能只是高敏感的体现时,她又哭了。她无法相信自己花了半辈子去寻找一种解药,到头来可能根本没有生病。这反而令人难以接受。听到永远都无法摆脱自己最讨厌的东西,你又怎么会感到解脱呢?

安妮特离开了咨询室,并且加入了我为高敏感母亲及孩子开设的每周小组。在接下来的几周里,她将认识另外三位正在解决"焦虑症"的女性。她能遇到有相似经历的人,而她们会分享自己的观点,理解她的情绪,甚至她们自己家也有爱哭的小孩。安妮特可以因被理解的喜悦而哭泣,因惊人的巧合而大笑。她会问:"你们也会这样吗?"然后看到他人频频点头。她也会听着别人的故事想:我也是这样的。

安妮特终于可以停止苦苦寻求,并且找到自己的归属感。在这些人面前,她不再是异类。

生来高敏感

我的儿子彼得（Peter）天生就是高敏感，像我一样，像家里的许多其他人一样，像安妮特一样，也可能像你一样。因为高敏感是一种倾向或一种性格。就像是人的眼睛、头发颜色、气质、嗓音和体形一样，它从一开始就写在了你的基因当中。你带着高敏感来到了这个世界，但你并没有马上学会与它共处。实际上，两个不同的世界此刻发生了碰撞：**一个是你内心敏感的世界，核心是你的价值观、感受、思想和梦想；另一个是外面的世界，以业绩、融入社会、完成目标为导向。对于像你一样的高敏感人来说，这往往会导致感受上的失衡。**

你可能已经在生活中多次遇到这种冲突。比如，你对世界和美有独特的看法，或是你喜欢将自己沉浸在艺术之中，将自己封锁进音乐或绘画中好几天，将世界拒之门外。也许你的朋友不多，也不想身边时刻有他人。也可能是相反的，你喜欢周围围绕着人，但却仍然常常感到孤独、被误解。或者你有崇高的理想，而理想对你来说远比友谊更重要、更迫切。或者你不敢展示自己真实的一面，担心自己细腻的精神与想法会招来嘲笑、轻视，甚至鄙视。你应该已经或多或少地遭遇过这些了。你感受、思考着别人不曾经历的东西。而大多数时候，你感觉自己很孤独。

在生活的方方面面你都感觉不舒服。你碰壁、被忽视，而且大概率厌倦了总要解释自己、不被理解或不理解他人，好像一片阴暗的乌云一直在你上方盘旋。你肯定也尝试过一些方法来摆脱这种感觉，想要自己不再如此敏感。但让我在本书的开头就告诉你：如果你的感受真的消失，你反而会怀念它们，甚至也包括负面情绪。

高敏感是一种可以带来许多负面特质的个性，我不想否认这一点。 我们都很清楚你持续的自我批评、自我控制，时时冒出头的强烈负面思想和高标准自我约束如何折磨着你。我们也都清楚这个世界很会评价你，评价很快会转变为贬低，然后你便因为无法达到要求而被刺痛。开始积极生活的第一步也是最重要的一步，即理解你的高敏感可以带来一切，拥有无限可能，它绝不是负面的。

挣扎于融入社会和缺乏归属之间

安妮特小时候就有这样的困扰。她心思细腻、内向，又常常感到悲伤，与同龄的孩子格格不入。一点点未知也能在她的心头激起巨大的恐慌，让她喘不过气并且感到恍惚。虽然那时她还很小，但她已经认定自己一定是得了什么病。她很小就认为自己这样无论如何也谈不上正常。

安妮特在人生前半程所经历的事情让许多高敏感女性

也感同身受：她们对朋友和其他人际关系感知细腻而深刻，**小小的冲突或意外就能让她们感到失望至极、被深深冒犯**。她们很难忽视老板或同事难听的话，与伴侣间极其微小的冲突也会让她们感到被彻底否定。当有了孩子之后，挑战就更刺激了。一个高敏感的母亲面临着睡眠不足、状况频发、情绪失控的问题，但没有一本说明书能手把手教给她如何照顾这个新生命。给新手父母的指南并不总是正确的，因为高敏感父母生下的孩子通常也是高敏感类型的。而书中给出的建议有些已经是过时的育儿观念，并不适合他们的孩子，这会让新手父母感到无助茫然。就连经典的爬行练习、小组游戏可能都看起来"不太对劲"，因为高敏感的父母认为自己就是特殊人群，或是他们的宝宝无法应对一个不稳定的环境。在这些情况下，高敏感家庭感觉自己格格不入，也经常被"为什么一切对他们来说都如此不同"的问题所压垮。而且，即使孩子可以顺利融入群体，敏感的母亲可能却被推到了极限边缘。她眼前都是可以从容处理日常危机的妈妈，耳中听着小组或教练的建议，但这些建议却不适用于她认知中自己的孩子。她的荷尔蒙开始不受控制，更糟糕的是，她与伴侣的关系也在发生不好的变化。

生孩子是每个人自传中浓墨重彩的一页，无论计划得多好，危机和意外总会出现。无论是不是高敏感类型的人都很可能在生下第一个孩子后发现自己陷入了严重的生活危机。即使是非高敏感的人，在学习独自照顾婴儿时也可能会遭遇产后抑郁、不安、惊恐发作、慢性疲劳综合征（CFS）或焦虑。在这个脆弱、全新、陌生的生命阶段，全方位的压力往往让高敏感的人开始自闭、彻底脱离社会，这种现象在孩子刚刚出生时尤为频发。因为她们除了面对许多不明的恐惧、感觉自己无法融入社会的痛苦，还会开始担心如何与宝宝相处，或是担心宝宝陷入极度不舒服的情景之中。

如果有人说高敏感的人不需要归属感，因为她们会自动回避、躲开其他母亲群体，那一定是无稽之谈。更多的高敏感母亲很需要融入社会，对与社会接触的需求胜过一切，社群能为她提供很高的价值。

这就是困境。

因为在社交活动中，有两种能力不可或缺，也是高敏感人群真正的挑战，即适应性和合作能力。在一个有陌生人也有熟人的环境中，我们需要适应，而且适应不可避免。人们需求不同，分歧也就越大，也更难找到妥协的办法。根据目前的估计和研究，高敏感类型的人占人群总数的 15%~25%。因此，例如在一个 10 人的幼儿小组中，如果运气好的话，其中会有 2~4 个高敏感的人。但如果运气不好，你可能是当中唯一一个高敏感的人，你会因为肚子发出的声音感到尴尬，对一些小事极度关注，容易受到惊吓或开始哭泣，或是不敢和身边的人开启谈话，而其他人似乎都能自然地聊起尿布或是宝宝睡眠之类的话题。更糟糕的是，大家的额头上也没有贴着标签。也就是说，你只能看到别人的表面，却看不到别人的内心。如果可以读心，高敏感的人就不会在日常社交中像躲魔鬼躲圣水一样四处逃了。同时也能察觉到在场有其他人与我们有相似的感受和想法，看到另一个母亲为难地唱一首陌生的歌曲，或在众目睽睽之下安抚自己的孩子，自己的内心也会释然一点儿。高敏感的母亲通常在这种聚会上感到尴尬、丢脸或难堪。

高敏感的女性总是觉得自己很难适应周围环境。很多状况会让她坚信自己不正常：例如其他人都可以自然地发言，而轮到她却说不出话；或是很多人都回答过后，她觉得自己没有更好的答案，就宁可紧闭嘴巴；或是她因为担心停车难，提前 20 分钟抵达目的地，但不想因此给任何人添麻烦，所以宁愿在周围散步徘徊。这些场景都会让她们想到同一个问题：

"我是外星人吗？我是所有人的麻烦和负担吗？"

当她认为自己和别人不一样时就会感觉缺乏归属感，因此开始自我封闭，尤其是当高敏感的女性成为母亲时。婴儿是完全不可预测的，他的反应、情绪、啼哭都来得如此突然。为人父母就是一个试验和试错的过程，我们做尝试,也许一段时间内能看到效果,但下一个新阶段随时可能到来。未知让人觉得自己无论做什么都是错的,这种情绪也被带入生活的方方面面。再加上觉得自己永远是局外人,高敏感的妈妈就这样走向了自闭甚至破碎,因此她们其实非常需要与他人交流、交换思想、了解自己,并且学会在社交中放手或坚守自我。

内向与外向

有时也会出现截然相反的情况。当一些人认为自己在哪里都无法融入、找不到任何归属感、永远是格格不入的局外人时,有可能在这种痛苦困扰之下发展出"过度配合"的行为。这样的高敏感女性会尽可能不出风头,完成一切分配给她的任务或扮演她最擅长的角色。她学会了闭上嘴巴,只用陈词滥调应对"你好吗"之类的问题,穿着、说话与行为都与周围人一样。因为她们太想要融入了,这与内向或外向无关。

内向型的高敏感人格通常内敛、害羞又拘谨,他们占据高敏感人群总数的70%,是高敏感类型的大多数。

而另外30%的外向型高敏感人格也免不了出现"过度配合"的行为。我们总能看到那些开朗、好脾气、性情外放的外向型高敏感者朝着另一个方向"过度配合"。他们常常表现出彩,例如拥有鲜艳靓丽的外表或理想主义、革命性的生活方式。他们尤爱投身于公益事业，对慈善、志愿工作充满热情，拥有崇高的目标与理想，并通常会在生活或职场中践行他们的目标与理想。他们就像天堂鸟，完美经营着"与众不同"的人设。某种程度上，他们满足了人们对自己的社会期望，从而获得安心的归属感。

然而，不惜一切代价适应并融入群体的行为也与个人经历有关，并不是所有高敏感人群都挣扎着满足他人的期望。近年来我也遇到了许多高敏感者，他们有的仍然与众不同，但过着美满的生活；有的接受了自己的格格不入，也接受自己永远不会成为最受欢迎的那个人。

无论是内向型还是外向型的高敏感者都极易受到一些常规情绪的影响。例如，**内向的人容易放大悲伤和沉重，外向的人容易被愤怒与激进控制**。有些人因为认为自己是所有人的麻烦而痛苦孤独，有些人因感到被不公平对待或被抛弃而对上帝与世界都充满愤怒。两者都共享同一个核心：

"我和其他人都不一样！"

只不过因为情绪基调不同，两种类型的人处理这个问题的方式也不同。悲伤会带来挥之不去的麻木与沉重，而愤怒激进带来了肾上腺素的飙升。不能说哪种比另一种更

好,两种类型的人都在以相同的方式受苦,都倾向于自我封闭,只不过一些人看起来更显眼、开朗而已。有时这也会招致误解,因为对于害羞的人来说,只有那些引人注目、积极热情的外向型人格的人才会获得成功、受到欢迎。而外向型的人则承受着巨大的压力,总是忙忙碌碌,挑战不断,很难控制自己的愤怒,也希望自己可以更低调、消失在人群中,也难以理解其他人如何能在地球面临当前的灾难局势时仍然平心静气。正如马蒂·奥尔森·兰妮(Marti Olsen Laney)在她的《内向者优势》(*The Introvert Advantage*)一书中描述的那样,内向与外向最大的差别是如何面对压力,如何减轻焦虑,如何为自己充电。外向型的人喜欢与他人交谈,维系友谊与社会关系,参加社交活动与聚会。他们将自己的能量向外引导,从而给自己充电。但这不意味着他们比内向的人更有活力、更聪明,只意味着社交更适合外向型人格。

而内向的人则相反。他们会后退一步为自己补充能量,通过安静的活动放松,喜欢一对一的谈话,不害怕独处,反而能从中汲取能量,激发灵感。同样,这也不意味着他们回避社交或者从不参加聚会——恰恰相反!他们也可以是受欢迎的人,热爱维系友谊,但他们并不需要过多的友谊来满足自己。他们参与社会生活并融入其中,也不一定觉得压抑、不愉快。但是风险就是,这些活动使他们所消耗的能量可能比回馈的多。另外,亲密关系、安全的私密空间和走进大自然对内向型的人很有好处。内向和外向之间并非泾渭分明。有一些高敏感人群在被问到自己的性格是内向还是外向时,他们会说自己是两者的混合体。在本书的后续章节,我会再次阐释一个人的性格与高敏感的天性是有区别的。

在传统亲子教育机构中,高敏感这个主题从未获得重视。因此作为父母,我们可能在几个月甚至几年里参加过各种课程,陪伴孩子度过幼儿园、小学、中学,却从未回过头看看自己。我们感觉自己像外星人,特殊,也不属于这个世界。根据德国联邦统计局的数据,2018年德国有1130万名母亲。如果我们假设其中大约15%~25%是高敏感的人,那么在德国就有170万~280万名高敏感母亲。也就是说:

你不是一个人!

相反,我们这个群体十分庞大。当我们学会以开放的视野和心灵行走在这世上时,我们就能从身边的事物看见自己,在他人身上找到自己。我们开始意识到,从前我们一直将自己是局外人的感觉视为缺陷,但它在这个世界的某个地方也在发挥着作用,连接着我们。接着,我们也学会了以不同的方式看待周围的人,以不同的方式面对自己的情绪,放下评判和谴责。然后我们意识到,"娇气"的人

和"一帆风顺"的人之间的共同点远比我们想的多得多,"暴躁"的人也很有深度,他的内心比展现出的更复杂。只要知道高敏感能在哪些方面如何发挥作用,一切就不一样了。我们明白何时它们开始掌舵,让我们失控;也知道他人与我们的相似程度也许比想象的更高。

我在本书想传达的有关大脑神经生理处理过程、处理深度、超兴奋性、感知强度及敏感度、渗透感觉通道等知识,对一个高度敏感的女性和母亲来说是一种解脱。像安妮特一样,她一生都处在迷雾之中,一直想找到一个扶手或一面墙抓住或倚靠,帮她脱离层层迷雾,走到自由的世界。突然间,她生活中许多经历都变得清晰明朗,都解释得通了。

旅途即是目标

现在当我在讲述自己的故事时,我可以跳回记忆的每一天,俯瞰我自己,但并不会感觉痛苦,也不会后悔或者自责当初为什么承受不住,破坏一段如今在我看来幸福美满的生活。事实上,正是我的经历激发了我的兴趣,让我达到自己的目标。正因为高敏感是我最突出的性格特点,我才能以一种特殊的方式与其他高敏感人群走到一起。正因为我曾经让自己很失望,我才有机会说出,这本书中的所有方法和练习我都一直在用。正是因为我让高敏感占据了我整个生活,如今的每一天才充满了有价值的安排、仪式与谨慎，这些也助力于我的咨询实践。只是因为我多年来忽视并压制了自己的直觉，它现在才成了今天我最重要的课题。

正因为我和我的家人浪费了如此多时间与我的高敏感、我的个性对抗，甚至最后与我自己对抗，所以我非常在意其他母亲们和她们的孩子，以及她们这几年无比珍贵的岁月。

这本书不是关于我，而是关于你。然而我的故事是为了告诫、保护并支持你。因为它一定会给你带来希望：

> 今天，我将高敏感视为我最大的力量来生活，并决定既不再忽视它，也不允许它支配我。

我也希望你能做到这一点。在这本书中，你将学会放下对你不利的东西，加强对你有利的资源。毫无疑问，你有很多可挖掘的资源。你将随本书找到它们，利用它们，使它们成为最大的力量。但首先你要认识到——你是重要的，你有足够的能量，你也是有价值的。而你的价值正是你自己，正是你的敏感、细腻、情感充沛的"外星人"特质。

"日子很长，但时光很短。"这是一句关于童年与母亲宝贵岁月的名言。但是，你、我和我们当中的许多人几乎

▶ 好妈妈需要高敏感

等不及看到孩子独立的那一天。下一秒,我们就在为时间的流逝而哭泣,无法好好享受这段时光。

我知道你的孩子对你来说是如此珍贵,你所做的一切都是为了确保这个小生命健康,这也是为什么你每一天都很努力。然而你却常常感到这还不够,你必须做得更多,你必须提高、改变。

但是对你的孩子来说,他幸福的关键是你要幸福。

你当然希望你的孩子过得好,你的孩子也同样希望你开心。从他第一次呼吸开始,你就是他的全部。你是他的家,他的安全感,是紧密的爱。你是源头,是他的起点和终点。这就是为什么从今天起你要认识到,你和孩子一样重要,孩子并不比你更重要。

这本书不仅是为了你和我,也是为了你的孩子。当你可以充分享受家庭生活时,你的孩子就不仅仅是在生存了,他们也会受益。与你的性格、特性和独特的情感力量和谐共处吧,和你的高敏感和谐共处吧。

第二章
高敏感和母性

◇

作为一个高敏感的女性，你很可能（至少根据目前的研究）在孩子出生前就是高敏感人格。你早就知道了吗？如果是这样，那么恭喜你！这是你的力量，也是你的机会，因为成为母亲对于很多人来说是一段艰难的历程。

比如在我的咨询课程中，我发现很多女性在成为母亲的那一刻变得更加敏感。我的解释是，首先，孩子总能激发出我们几十年来好好隐藏的东西。其次，分娩是一种独一无二的经历。在那几小时里，对新生命到来的喜悦和对死亡意外的恐惧同时袭来，再没什么可与之比拟。在怀孕的40周里，我们与孩子形影不离，但却对这个即将出生的小生命一点儿也不了解。我们经历了最大的痛苦，完成了最困难的挑战，然而这只是一个开始。幸福荷尔蒙与压力荷尔蒙同时释放，我们好像处在癫狂的状态，而产后荷尔蒙含量又会突然跌得很低。当然这个过程非常重要，不然大自然也不会如此设置。但与此同时，女性被迫走上了一段极为特别的旅程，一段通向自己的旅程。要知道，这段特殊旅程中并非每一站都是梦幻的,有时要拖着沉重的行李和遇见令人心力交瘁的岔路。成为母亲永远是一个过程,每个有孩子的女性都会经历。毕竟,我们要在几小时内挑战人生中最艰巨的任务,怎么会不害怕、不颤抖、不哭泣、不绝望、不四处询问意见、不走投无路但不想放弃?一个高敏感的女性可能直到孩子出生那天才察觉到自己的天性,但情绪与荷尔蒙带给她巨大的冲击。分娩结束才是一切的开始,短短几小时后,一切都不一样了。而高敏感女性的直觉早就感知到了,远早于理智与逻辑的速度。

也许在生孩子之前,圣诞集市或音乐会对你来说从不算什么。直到你生了孩子,突然间所有的力量都在日常生活中耗尽了。虽然似乎并没有什么大事,做做游戏、换换尿布……那么压力是从何而来呢?因为你每天都要面对噪声和孩子的情绪,你的储备与资源都消耗在做母亲这件事上了。但是不要担心,随着孩子年龄增长,你又能释放出越来越多的储备。

我们中的许多人在与孩子相处的短短几个月、几年里,对自己新增的了解比对孩子的还要多。我们有机会重新开始,为我们自己,也为孩子。终于,曾经干枯的种子绽放出美丽的花朵,它将迎来无数个新的夏天。

开始全新生活的凯瑟琳

在我的大儿子彼得出生后,我开始意识到自己是如何被很多小事压垮,难以自如地掌控不同情况的。在某种程度上,这种事一直存在于我的生活中,只是在"之前"的生活里缺乏比较。而现在的我被赋予了特殊的关注,至少我感觉如此。作为一个母亲,我做什么或不做什么,每一个决定在第一秒开始就会被外界评判、解读。家人、朋友和熟人都成了专家、批评家。但是我不知道自己想从母亲这个身份中获得什么。第一次分娩把我变成了一个完全不同的人,我发现自己变得越来越不像自己了,但比原来更加有活力。无论是对孩子还是母亲,出生都是一个漫长的旅程。我曾在某处读到一句话,现在感同身受,即**"我的身体自己发生了变化,我很痛苦,但却没有能力改变"**。我被一种由内而外的疲惫控制,但想睡够又是不可能的。有时候感觉自己像是喝了太多的能量饮料,有时候甚至连抬头都没有力气。在彼得出生后的几周,我生活在一个极端的环境里。他的叫声非常响亮,夜晚很短暂而白天很漫长。我非常痛苦,又非常紧绷,一有机会就哭,但从来不跟别人讲。孩子虽然不断把我拉回现实,逼着我关注他当下的需求,但我的过去一直在追赶我。我的感受和情绪比以往任何时候都更强烈,我大部分的力量都花在摆脱它们上。没有时间,没有机会,无人理解。当我想到在生彼得之前的日子,才意识到自己的情感总是被负面解读,人们一直说我刁蛮又娇气,觉得我的性格有些"极端"。这些"人们"几乎包括所有人——亲人、父母的朋友、老师、专家等等。我无法整天坐在封闭的教室里听课,所以对学校的抵抗不断升级,我的母亲总是知道如何短暂地压制住我。我的同情心让我从 14 岁起就避免食用动物制品,每次在村里的亚洲小店买一块豆腐都会被人小声议论。

小时候,我会花费整个工作日下午和周末来写故事。我写满了一整本故事,它们之间基本都是独立的。我的生活不能没有写作,我脑海中洪亮的声音要求我把这一团乱麻整理出来。写作是我忠实的伙伴,我几乎把生活里的每一件事都写在故事里。写作迫使我理清思绪,只有在这时我才不会同时思考很多问题。我构思好一个句子,然后开始打字。这个过程中,我完全属于自己。写作是我的冥想。

因为我的脑子里永远没有平静。我不能什么都不想。照我丈夫所说,这是一种他不能理解的特质。他喜欢在紧张的一周过后舒适地躺在沙发上或花园椅上,简单地放空。他喜欢看电视,因为电视画面让他感到充实,他可以暂停自己的思绪。他会热烈而愉快地描述这种"不思考"的能力是怎样美好的礼物,让我心里不可避免地羡慕起来。我想不起来自己有哪一天是完全什么都不想的。我头脑中一直是风暴,汹涌的风暴,思想的闪电和骨膜上的雷声直接击中我的心。有些日子对我来说很艰难，不是因为我不满意或者不快乐。相反，只是头脑中的雷电有时太多、太响、太混乱……太过了。

但最重要的是，我一直严重缺乏归属感。在我成长的每一个阶段，甚至毕业之后的很长一段时间中情绪都起起伏伏，常常几天甚至几周地流泪，时时感到身体极度疲惫。"以前"的日子里，我从未发自内心地感觉良好，也固执地认为我不配拥有其他生活，更没有做出任何改变。除非我更加努力，取得更多成就，终于达成某个目标，终于属于某个地方，才能除去那么多的情绪和超负荷压力。

8年以来，我的日常生活就是闹钟响起、工作、吃饭、睡觉。周末的晚上我会去迪斯科舞厅，通过喝酒来忘却烦恼并找到归属感；与我的男朋友（现在的丈夫）吵架，他是我的出气筒，也是唯一必须目睹并忍受我阴沉情绪的知己。我没有朋友，至少没有真正的朋友。更可悲的是，我没有人可以聊天。我不再写作，不再去音乐会，也不再"反对"。20多年来，我一直没有找到自己的归属，一直觉得自己是正常人类中唯一的异类，筋疲力尽。所以我一直这样生活着，却不知道自己到底是谁。

直到我第一次怀孕。

▶ 好妈妈需要高敏感

从高敏感女性到高敏感母亲

也许你会觉得在孩子出生之后,一切都是那么的易碎。实际上每一刻,尤其是那些美妙的幸福时刻都比以前更加有意义。每一个动作,每一次眨眼都很珍贵,甚至那些你认为会把你压垮的日子也有价值。因为即使是你用脚指头爬过来的日子,也是与生命中最重要的人一起度过的。没有人告诉她们这一切很珍贵,但母亲们本能地知道孩子有多无价。在我们问诊后几周的一次谈话中,安妮特告诉我,自从她有了女儿,她才真正明白过上完整的生活是什么感觉。

当然,恰恰是这种感觉往往叫人觉得难受。因为我们同时也会疑惑,一件如此珍贵、令人愉悦、触及心灵与灵魂的事情,为何有时会像巴掌一样狠狠扇在我们脸上。有时我们感觉自己好像在因生下了这个孩子而受到惩罚,感到羞辱。为什么快乐和痛苦会相互交织?为什么我如此渴望的事物,相信它会无限丰富我的生活,却让我筋疲力尽?为什么与家人度过的平凡日常突然间需要耗尽我全力,不给我一点儿喘息的空间?为什么我好像只是在生存?什么时候才会变得轻松、宁静、从容,甚至愉快呢?

我的宝宝在前几个月时很难搞,他需要我一直在身边,就像他呼吸的空气一样,那时我问过自己所有这些问题。他一直在哭，对我的每一个动作都用尖叫和哭声回应。我觉得自己毫无价值，无法摆脱自己彻头彻尾失败的感觉。我的消极想法、被打击的自尊与信念都在吞噬着我，让我常常感到绝望与无助。我意识到我还完全没有适应自己的新角色。第一个孩子情绪是如此充沛，对我适应新角色并没有太大好处。但我相信如果是另一个孩子或我的第二个孩子，我的敏感程度也不会减轻。即使宝宝本身就安静、"好搞"、情绪稳定，高敏感母亲的体验也不会和我相差太多。因为高敏感本身也是你对世界和新生活的感知方式，这使得你的情况更加特殊而复杂。压力、紧张、成为新手妈妈、新的日常、新的相处方式……所有这些都是完全主观的，每个人的感受都不同。然而，感觉这段日子充满了挑战，频频受挫又不安，是每个高敏感母亲再常见不过的体验。这与孩子的性格无关。

我猜有很多问题你在孩子出生前从未问过自己，就像我一样，就像无数其他母亲一样。**而现在，你的孩子到来了，时间越来越紧，你必须同时对许多重要事情做决策。**你一夜之间坐上了世界上最艰难、最重要的企业管理岗，但没有人与你交接，没有人对你培训，试用期过后你也不能停下。哦，不对，你的工作每隔一段时间还会发生变化，每当你认为公司开始正常运转，股价就会暴跌，最糟的是员工还会生病。好像这一切还不够复杂似的，你突然意识到自己的荷尔蒙、头脑和想法也开始发疯。在你从前的工作和生活中，这些事都不是问题，你都能够轻松应

▶ 好妈妈需要高敏感

对。但为什么在孩子出生后,一切突然变得如此困难?

> 高敏感一直是你人生中的一部分。你比以往任何时候都更需要它,因为你成了一名母亲。

实际上,只有孩子这个珍贵生命进入你的生活的时候,你才能真正展现自己。你可以感受一切,体验一切。你不只能感受悲伤、孤独、压力和难过,这些情绪有时会让你喘不过气;你还能感受到魔力,一瞬间的温柔,拥抱中安静的沙沙声,宝宝微笑时无法比拟的幸福感或一个个小瞬间组成的感动。你能感受到每个亲吻后的急切,每句"我爱你"的直击心底。你能听到血液在血管中涌动,可能是孩子第一次骑车或玩攀爬架时的紧张,也可能是他们第一次学校演出、第一次考试、第一次找到朋友的瞬间激动。在你的生活中,没有什么比家庭更有价值了。你用你的每个细胞、每个神经元感知着,用你的一切感知着。

你可以学习调整你的关注度,让那些顺利的时刻成为你的精神支柱。你对一切都有更深刻的体验了!你可以学习将快乐和感恩融入生活,让它们成为你内心的声音,而疲惫艰难的日子也会随之减少。

你的高敏感是迷人的、鼓舞人心的、美妙的。它展现了美丽而珍贵的品质,构建了独特的人际关系,让围绕在你身边的事物都有了深厚的联系，并使你能用欣赏的眼光看待世界与生命，尤其是和孩子在一起的时候！但它也有控制欲强又霸道的一面。它总想成为领导者，掌控缰绳。但一旦让它掌握控制权，你的人生就变成了一场在崎岖坎坷的道路上失控盲目的追逐，而你在追逐一个根本不存在的目标。不要陷入它的游戏中，不要与自己的思维争论，也不要轻信你所思考的一切。如果你允许高敏感主导自己一天，它可能会让你筋疲力尽。因为那不是它的工作，而是你的工作。

高敏感需要在你的意识中找到一个位置，一个主要掌管你优点的位置，例如同情心、创造力、想象力、过人的记忆力或温和的性格。如此，你的生活将大大受益，你就能知道自己的特点与所长，也理解环境条件是可以变化的。

完美不能被长期维持，但平静可以！

作为一个母亲，现在的我可以将高敏感视为一个伟大的礼物。因为高敏感帮我更好地理解孩子，孩子也是我开始研究的触发点。**它让我真正看到别人，看到隐藏在他们妆容、着装和语言背后的东西。**它给我带来一种藏在身体里的直觉，时刻提醒我，并阻止了我许多愚蠢的决定。它

让我相信，一切都应如此。它让我学会关爱他人，感同身受地关爱其他人的父母、孩子和我周围的人。

最重要的是，它让我知道自己的极限在哪里、哪里还有发展的空间，以及我的为人处世和性格特性还可以如何改善。不是为了其他人而变得更好，而是帮我学会享受生活的每一秒，因为这才是做人的价值所在。

我不是天生的母亲，学会做孩子的母亲是一个漫长的过程，而我生来就高敏感。但是你知道吗？带着这个问题生活并面对它也是一个学习的过程，而且没有想象中那么累。最后它也让我受益颇多。

高敏感母亲的隐患

为人父母总要被人指手画脚，这是一个社会问题。想要过上安静、不被评论的生活十分困难，只有躲在家里，只和家人接触才能免受外界的评论。但因为人是社会性的动物，这不仅与我们的基因相矛盾，还与我们的生活传统相矛盾。看看我们的祖辈，曾经的父母在抚养孩子时从未像现在这样孤独。以前，几代人的大家庭会共同生活在一栋房子里。姐妹、姑姨和自己的母亲都会在婴儿出生后帮忙哺乳、教育或做杂务。所以新手父母，尤其是母亲自然不是孤军奋战。但当我母亲讲述那个时代的故事时，她也提到并非一切都是那样美好。当时的新手父母同样会受到家庭的干扰,和现在一样。侵犯他人隐私是家常便饭,每个人都会参与进来,谁有时间孩子们就会去找谁。那些想搬走离开的人只能自己承担一切,然而穷困潦倒通常又会成为另一个极端压力源。这就是困境的开始。

从进化生物学的角度来看,完全脱离家族的帮助独立抚养一个孩子是很荒谬的。请注意,到目前为止,我们讨论的内容与是否高敏感无关。**无论是高敏感还是低敏感,几乎每个人在独自育儿、得不到帮助的那一两年中都会感到空虚**,但当我们意识到时却为时已晚。如果我说高敏感的人大脑产生压力的频率更高,更容易被刺激打乱平衡,更容易因为缺乏支持患病,你可能也不会觉得意外。

这就是高敏感母亲最大的隐患之一,压力可以突然成为一天的主旋律。你还记得在桑拿浴室、在最爱的咖啡馆、跟最好的朋友在公园或是做你最喜欢的事情的那些日子吗?想一想在没有孩子的时候你是如何完成这一切的。你可能已经注意到,有一件事随着你怀孕生子而改变了,即你的自我决定。随着孩子的到来,它似乎被夺走了,再怎么努力都不能将其良好地融入新的日常生活之中。

> 莫(Mo):"对我来说,被他人控制是我最主要的问题,一直困扰着我。这种感觉让我很无助,我很不擅长应对他人的强迫。我有两个孩子,其中一个还是婴儿,一些最普通的事对

> 我来说变得不可能了,简单如从 A 地去 B 地。我还记得有一天,我女儿大概 9 个月大,我们想去一个圣诞市集。但是问题甚至没出在市集里,因为我们根本没能出发。我的孩子不愿意穿羽绒服,也不穿任何外套,不想被抱着,不想被放下来,不想坐在背带中,也不想坐在婴儿车里……我们尝试了三次,这一天就结束了,我也筋疲力尽。我渴望的只是自主权。"

每天的压力似乎有时会让你发疯,你之前有想过自己会这么辛苦吗?别担心,我也没有,很多其他同样敏感的人也没有。这其实很容易理解,因为在你有孩子之前,你不需要向任何人解释你多么需要休息。但现在你有了孩子,人们突然对你期望很高。他们了解一切,于是期望你也了解。他们观察、评价你,尽管你知道他们没有那个权利,但那些言论还是会让你受伤。那些眼神、你漫长一天的努力、短暂的睡眠、孩子的要求、你的新角色,以及你对努力的全新体验,这一切都在你心中形成了新的压力,一种你几乎无法承受的压力。尽管有时你那么想尖叫着逃离,但你同时也被另一个字深深地拴住:爱。你不断地在这种强烈的情感和烦躁不安的压力之间来回反复。

第二章 高敏感和母性

吉尔（Jil）："我觉得在孩子 1 岁前，被他人牵着鼻子走的感觉尤为可怕。孩子的依赖性让我感到束缚，尤其是我们的第一个孩子。我觉得自己被困住了，必须逃脱。所以在那段时间里我为自己做了一些事情，在照顾孩子的同时还进行了进修。实际上这非常疯狂，因为我拒绝他人替我作决定。独自在家照顾一个高度敏感的宝宝是难以置信的累。但现在回想起来，我可以说那是一个明智的决定。在我的生活中，'我'又存在了，还有一个我可以全身心投入的任务，这对我虽是挑战，但它没有压垮我。当我专注于我的任务时，我就不再觉得自己是个坏妈妈，至少在那一刻不是。"

当你觉得被孩子掌控、被他们的需求控制时，你的生活质量也会大打折扣。也许像许多其他（高敏感）妈妈一样，你也苦于缺乏家庭的支持，也没有合适的解决办法。那么在本书中你还将读到，关于身边的支持者，问题不在于数量，而在于质量。更具体地说，是你们关系的质量。我希望你能找到很多解决办法，并记住即使你的天性让人们对你有偏见，你也有权获得幸福和快乐。

在第三章中你会看到 28 个问题，用来测试你的高敏感度。理性和感性在我们人类身上共存，它们既可以互相制约，也可以互相推动。了解一些相关知识很重要，它们会帮你调节自己的情绪强度。为了培养你作为母亲所需要的心理弹性，我们会在每章末尾将知识点转化为提供给你的一种资源。当然，你的高敏感母亲身份会给你带来阻碍和困难，似乎阻挡了你的道路。但是凭借理性与感性的共同作用，我们可以一起找到一条小路，绕过障碍。

第三章
什么是高敏感

◇

为了了解高敏感是如何融入你现阶段生活的，它们之间又是如何相互协调、相互制约的，我们先要知道它自发性地在你的大脑中产生了怎样的混乱。在这本书中，我会时不时带你走进自己的身体，你的大脑、你的心脏、那些最容易感到极端刺激或伤害的区域。高敏感会在不同层面发挥作用，包括身体上的，自然也有精神上的。**它们有同一个源头——你的边缘系统**。边缘系统位于你的大脑中央，这里是你的情感中枢。

你不一定需要专家的指导才能走向内心的旅程，这本书也不是专家的替代品。在你心灵之旅的任何时候，当你觉得不知所措，想要与他人分享自己的体验，或者认为可能需要心理辅导时，那么你可以找一找相关联系方式或是问问你信任的人，也许有一位咨询师或教练可以帮助你。因为本书无法为你提供量身定制的辅导，更不要说治疗了。

▶ 好妈妈需要高敏感

研究现状

1991年，心理学家兼研究员伊莱恩·阿伦（Elaine N. Aron）领导的研究小组首次对高敏感及其相关表现这一主题展开了7项研究，包括典型的内向型人格，情绪性或童年经历等研究。伊莱恩·阿伦至今仍被认为是高敏感/敏感性领域的先驱者。她根据自己过往几年的观察展开了一系列测试，旨在筛选出高敏感人群的共同特征。作为一个本身高敏感且拥有一个高敏感孩子的人，她设计了一系列问题用于采访测试对象。在第一项研究中，她在加州大学圣克鲁兹分校的心理学专业通信平台和艺术专业通信平台召集学生参与敏感人群测试，并举例说明了内向的本质或在刺激加重时超负荷的感受，想要在其中找到自认为对刺激敏感的人。她为所有同意参加测试的人解释了接下来的步骤，每个人需要进行2~3小时的谈话，内容涉及个人经历、内心历程和童年经历等问题，并且没有报酬。尽管要求很高，但90%的人都留下来了。在第一次研究中共有39名被试者参与实验，年龄从18岁至66岁不等。

谈话开始时，阿伦询问了参与者的相关背景、期望以及对自己敏感度的评估等常规问题，然后话题就转向了更有个人特色的领域，例如他们的情感世界、个人经历或童年经历。在谈话最后还有一份调查问卷，用来确定参与者是何种依恋行为。

在伊莱恩·阿伦和她团队的第一项研究中,50%的人曾怀疑过自己是敏感类型,一些人则第一次意识到自己的敏感性。只有3人在听过解析后认为自己并不敏感,于是结束了调查。在接下来谈话的36人中,有24人自认为内向,7人自认为外向(剩余其他人难以决定或介于两者之间)。这31人都参加了有关依恋行为的调查问卷,结果显示有12人展现出安全依恋模式,15人为回避型依恋,4人表现出不安全依恋。

在关于童年经历的问题上,大多数被试者明确表示自己拥有美好的童年,但仍然是高度敏感类型。这就引向了关于童年和高敏感性关系的进一步研究,高敏感究竟是先天性的还是后天产生的?此外,70%的人表示,他们觉得自己和别人不一样,尤其是在对安静、休息的需求,以及减轻刺激的需求方面。他们对灵性精神领域有特别倾向、拥有强烈的梦境体验,处理挑战与竞争的方式似乎也与常人不同,例如他们害怕失败、害怕犯严重的错误、在意其他人的评价、在社交(例如约会)或家庭中感到巨大压力。

阿伦随后在不同的大学随机电话调查中又继续了6项研究,并最终在1997年的刊物和1996年的书中总结了最重要的一些发现。

● 鉴于已经有足够的参考数值,现在可以明确将高敏感作为一个独立特征解释。

- 内向型人格与高敏感性可能有关联，但不一定（与最初的假设不同）。
- 情感强度和情绪化往往与高敏感性密切相关，但不绝对（高敏感的人在情感上更强烈，但情感强烈的人并不总是高敏感）。
- 高敏感并非内向与感性的结合，它是独立的特征。
- 它与遗传相关的假设得到了证实。
- 在所有 7 项研究中，女性被试者多于男性，但在敏感性特征上并无明显差异。推测是西方的男性角色模式影响了人们参与，因为他们不被允许敏感。迄今为止，没有证据表明某种性别比另一种更容易产生高敏感。

根据研究结果的总结，阿伦开发了一个成人及儿童都适用的心理测量量表，即"高敏感者量表"，英文简称为 HSPS。她从中发展出一个（自我）测试，至今仍经常被用于新的心理研究和测试，该测试共由 27 个问题组成。

阿伦将由此产生的高敏感者特征称为"感觉处理敏感性"，并将其定义为"一种对内部和外部刺激敏感的气质/个性特征"。阿伦在研究期间及随后依次出版了《天生敏感》（*The Highly Sensitive Person*）和《发掘敏感孩子的力量》（*The Highly Sensitive Child*）。

阿伦及其团队对高敏感人群这一特定群体的共同点尤为感兴趣，并基于一些早期研究，例如杰罗姆·凯根（Jerome Kagan）在 1994 年关于内向儿童与内向性格的研究，探究该群体的特点和相似性。此后，还有很多著名的研究团队进行了进一步研究，这些成果主要在英语国家发表。与其他研究领域相比，关于高敏感性的研究还相对较少，这也就是为什么这个话题对很多人来说仍然很陌生，甚至在医学和教育领域也是如此。不过目前世界各地都有对高敏感的新研究，因此可以预计未来几年内，我们对敏感、高敏感性的认识将会增加。而目前为止的研究成果仍然很有价值，可以帮助我们理解并识别高敏感现象，尤其是孩子身上的现象。基于过去几十年的研究佐证，我们可以总结出所有高敏感人群共享的四个特征。

- 思虑过重。
- 易反应过激。
- 易触发激烈情绪。
- 对细微刺激感受敏感。

当然，高达15%～25%占比的高敏感人群并不能根据这四个特征一概而论，每个人还会有许多不同的特点。但是，其他特点往往总能溯源到以上四点，或至少与它们有关。

你是高敏感人群吗

"高敏感者量表"（HSPS）是一个免费的官方量表，用于高敏感性的自我测试，你可以登录英文网址 www.

hsperson.com 查询。我在这里也准备了一个基于 HSPS 量表和对高敏感者研究而设计的自我测试，帮助你消除心中可能存在的疑惑。

如果你有 14 个以上的答案为"是"，那么你很可能是高敏感者。但正如你在量表官网上看到的，没有任何心理测试的结果是绝对的，也不能主导你的整个生活。如果本书、你自己的研究都不能消除心中的疑虑也没有关系。测试只是一个辅助，帮你了解自己的特性，让你通过书中的练习和分析卸下心中的负担。即使你回答"是"的问题不到 14 个，你也可以继续学习后面的课程。因为有可能虽然这个结果没有明确检测出你是高敏感类型，但其实你也是高敏感者。也许你的某些指标格外突出，而另一些特性则不太明显。让你的直觉来说话吧，仔细听。高敏感的其他特质或许会帮你找到一条解决办法。

高敏感妈妈的其他特点

如果你具备高敏感的四个主要特征（思虑过重、易反应过激、易触发激烈情绪、对细微刺激感受敏感），或从 HSPS 量表中检测出明显的单项特征，你就能理解为什么高敏感和母亲身份结合之后会带来日常生活中的巨大挑战。高敏感的母亲想了解孩子，想知道为什么在这个场景之下，孩子会如此表现，而在另一个场合却又截然不同。所以和孩子相处变成了高强度的学习，除了要阅读大量书与博客之外，还需要尽可能地将自己学到的新知识运用到实际中（思虑过重）。在这个过程中，她们每天都会充斥着各种感觉：从醒来时无尽的疲惫到早晨计划再次被打乱时的沮丧，从愤怒、紧张到混乱、焦虑，但同时还有对这个进入自己心灵的小生命无限的爱，为了他，可以上刀山下火海（易触发激烈情绪）。但这种日子有时是那么令人疲惫，孩子停不下来的哭声、喧闹的游戏、抓挠、打人、咬人，母亲还觉得自己对不起所有人，焦虑紧张，总觉得别人做得更好（对细微刺激感受敏感）。实际生活可能没有大起大落，日子平淡甚至无聊，但母亲却感觉如此压抑、有压力。这会让她们很有负罪感，而且引发了另一种痛苦的感觉，一种我相信所有高敏感母亲都有的感觉，即觉得自己和别人不一样。因为别人都做得很好，而我不行。**敏感的母亲会觉得其他人的育儿之旅看起来像是一次轻松的散步，而自己却像是一场没有终点的马拉松**。他人的干涉、自己的紧张、对未知的恐惧、社交和社会压力、社会期望、时间压力、感到自己一直在被外界观察评价……所有种种都会给具有敏锐感知、心思细腻、不断接受外界信号的人造成巨大困扰。

自我测试

1. 我很容易被外界的刺激和影响干扰。

2. 即使在我精疲力竭的时候,我也能注意到细微的变化。

3. 我受不了过亮的灯光、嘈杂的噪声、强烈的气味或粗糙的触感。

4. 我神经衰弱,对小噪声也很难忍受。

5. 我好像不能忽视任何细节。

6. 我会被其他人的情绪影响。

7. 我的身体经常疲惫不堪,无缘无故地疼痛。

8. 天气、季节、月经、荷尔蒙或其他不可控的因素变化都对我有很大影响。

9. 我对咖啡因、某些事物、酒精和药物有强烈反应。

10. 我容易过敏、皮肤敏感、偏头痛、肌肉酸痛或是有胃病。

11. 我不能接受太酸、太辣、太甜或太苦。

12. 当我饿的时候就不能集中注意力,会不安、愤怒,很快就疲惫不已。

13. 与我有共鸣的香味、声音、艺术品,以及冥想、休息、瑜伽、正念、在大自然中散步、运动以及创造性工作能带给我特别的快乐。

14. 我会被音乐或艺术感动到落泪,也能被它们触发与自己的身体对话。我爱好读书,可以钻进书中的世界。

15. 我喜欢独处,独处能带给我能量。

16. 当我感到疲惫或压力时,我有躲进一个黑暗安静角落的冲动。

17. 限时完成多件事会让我焦躁不安,对那些给我提出这种要求的人也会有相应的反应。

18. 我努力不忘记任何事,不犯错误,平等对待每一个人。有时我会因此感到额外的压力。

19. 我不太能适应环境与生活中的变化,如果周围突然发生了很多事,我会很不舒服。

20. 我喜欢自己的生活井井有条,没有任何意料之外的事。

21. 当我身边的人或小动物感觉不舒服时,直觉就会告诉我应该怎么照顾他们。

22. 当人或小动物经历痛苦时,我在精神上和身体上都难以承受,同时会有激烈的反应(愤怒或悲伤)。

23. 别人的负面情绪很影响我,我在这种环境下感到不舒服、不自由。

24. 有时我会察觉到一些无法解释的事情,因此会感到羞愧、害怕或内疚,我也同样无法解释这些感受。

25. 我的预感、梦境、设想或冥想都曾成为现实。

26. 我很难适应社会,也很难撒谎、伪装。

27. 在竞赛或考试中,我会很有压力,感觉自己被审视。通常我都会发挥失常,不想好好完成。

28. 我觉得自己格格不入的恐惧与情绪是病态的、不同的、不正常的、混乱的或疯狂的。

在这种挑战之下,一定有许多女性会因此成长,从中汲取力量，学会坚强。但也有同样多的人因这种想法而崩溃，人生中本应是最美好的时光却变成了最疲惫的日子。敏感细腻的母亲尤其容易受到影响。这种压力是沉重的。因为她们会担心，在我自己都无法享受每一天的时候，我要如何抚养我心爱的孩子？如何不伤害到他？如何保护我珍贵的东西？

敏感性已经融入了一些人的生活，而对他们来说感受却不尽相同，表现和特点也各式各样。然而，有一些特点十分常见，可以让我们了解一个人是否为高敏感性格。我想在这里一一介绍。

- 明显的敏感性，即在生活的方方面面都有强烈的感受与情绪，同时也有强烈的直觉和前瞻性。
- 快速而敏锐的感知能力，因为可以准确感知、接收周围一切信号。
- 缺乏自己的边界，或认为自己必须不断超越极限。
- 对其他人和生物有强烈的同情心和关注（因此经常有负罪感，思虑过重，做任何决定都要权衡许久）。
- 曾经的经历、谈话、冲突和精神伤害留下了长期的心理阴影。
- 反应有些过激，容易感到压力大，易暴躁。
- 至少有一个感官系统过分发达，高度敏感。
- 害怕不能实现高预期，缺乏自信心或常常自我否定。
- 感觉世界上的其他人都勇敢坚强、目标明确，而自己是唯一的异类。认为自己的感觉、想法总是与他人不同。

这些特点并不是绝对的，也不一定会同时出现。作为一个教育家和教练，我也遇到过一些高敏感人群只具有上述一个特征，但在其他方面显现出了高敏感性。

对于高敏感的人来说，曾经发生过的对话、经历或场景会久久存在心里。同时，高度的同理心和敏感性使他们很难划定个人边界线。除此之外，高度敏感的人往往对疼痛也更加敏感，更容易出现过敏症状，对药物、味道和浓度的反应更强烈。我们总能注意到，他们比别人吃得更差、睡得更糟，难以与亲人分离（即使是短时间），很难独处。虽然他们喜欢安静，需要大量的休息和整理，但很快就会厌烦独处，产生失落感。他们常感到被不公平对待、被压迫或被误解。旅行和改变环境对他们而言都是巨大的挑战。他们生来就对别人没有攻击性。在高敏感人群中有许多素食和纯素主义者、从事社会工作或护理的人、艺术家，他们的职业或爱好大多是尽力为他人带来快乐。他们高度的同理心不仅让他们很会与他人共情，也让他们深信利他会给自己带来深深的满足。此外，和谐、爱与幸福是高敏感人追求的核心价值观。在我的工作中，几乎从未见过一个高敏感的人认为权力更重要，更不要说是高敏感母亲群体了。

高敏感人群占比 70% 的大多数是"内向高敏感者"，即害羞、保守、谨慎、拘谨或相对逃避的人群。他们身上的高敏感特性最为明显,即使是完全不了解高敏感这一主题的人也能一眼看出他们的性格。他们是那些难以离开妈妈的孩子,是那些更愿意独自享用午餐的同事,是那些在游乐场上宁可与孩子玩耍,也不想与其他妈妈交谈的母亲。简言之,他们更容易被贴上"敏感"的标签,他们脆弱的一面往往更容易带来厄运。他们有意识地逃避社会,不再寻求反馈或批评建议,宁愿"自己想"。因为他们往往害怕再次陷入数周之久的痛苦,所以宁可不冒险与他人交流。在某种程度上,他们也算是找到了一种自然的界限,但这是一种非常孤独的界限。害怕受到他人伤害的恐惧主导了他们的生活与社交。他们宁愿孤独地在家待着,也不想被别人挑衅的言辞或建议打乱心绪。但实际上这并不是一种个人边界,而是一种逃避,而且会滋生恐惧并引发恐慌发作等更严重的后果。

> "无论如何,高敏感性都不是一种病。它没有被列入国际疾病分类(ICD-10)列表中,因此并不是一种需要被诊断、被治疗的疾病。"

而这恰恰也是我的用意,本书的目的正是消除你的疑虑,证明高敏感不是一种病。高敏感与非高敏感人群相比只是对环境感知更清晰、更透彻。这种特殊的大脑功能是一种天赋、一种特点、一种人格特征，但绝不是病。

同时，高敏感人群的感官通道（例如嗅觉）也可以识别到更精细、更密集的刺激。高敏感的人可以迅速感知到气味刺激，也常常被此干扰。香水或新沐浴露对于他们也可以是很强的刺激，甚至让他们头痛、头晕或恶心。开车、购物这种平常小事也可以成为巨大的挑战，因为他们的大脑在短时间内同时受到过多的刺激，而不像正常大脑一样会给刺激按优先级排序。因此，他们很可能站在商店货架前就会受到过度刺激，而且发生频次比我们想象的要多。

压力与高敏感性

这一切是源于我们的大脑在不断接受特殊刺激，也在不断尝试处理。这导致**大脑承载着难以想象的巨大工作负荷，不仅消耗了大量能量，而且如果缺乏放松与休息，身体会处于持续高度紧张的状态。**

汉斯·塞利（Hans Selye）是一位医学和内分泌专家，他在 1936 年发表了关于压力的第一篇研究论文，也因此被载入史册。因为他的发现在当时来说是全新的，尤其还是对躯体化的研究。对塞利来说，观察大脑发出警报信号时身体会表现出哪些躯体化反应十分有趣。为此，他研究了自主神经系统，尤其是其中的交感神经和副交感神经两个

▶ 好妈妈需要高敏感

组成部分。交感神经主要负责发送增强性信号，提高身体的活动能力（例如心率加快、呼吸加快、肌肉活动能力增强），而副交感神经则是它的对立面，负责平静和放松，也被称为"休息神经"。

他的研究成果为：大脑中的警戒反应（更准确地说，是身体"警戒中枢"杏仁体）导致肾上腺素、去甲肾上腺素和皮质醇激素释放，通过下丘脑、垂体和肾上腺髓质中的激素级联作用传递到身体各个器官。因为这些激素正是用来调动最终储备、挖掘潜力的，以便人在危险情况下发挥出最大潜能。当然，大脑和其他器官之间的沟通途径以及这些激素的产生是非常复杂的，此处只做基本说明。然而重要的是要知道，有不同的器官都参与了这个过程，它们共同推动身体提高性能。我们体内每个过程都经过精确规划并为特定目的服务，这也就解释了为什么在危险、被威胁生命、意外或类似的应激情况下，我们可以释放出在正常状态下无法发挥出的能量——因为平时并不需要这样的能量。因此，压力绝不仅仅是一种有百害而无一利的麻烦，它是一个复杂精巧的系统，让我们有可能进步、成长。这是所谓的"负面"压力，即压力过大，刺激了我们的交感神经。如果持续时间长、强度大，首先会使我们抵抗力更强，也就是迫使我们表达不满、有相应压力反应或（想要）调动能量来缓解压力。例如，当我们感知到压力，感到疲倦或筋疲力尽时，就会想要休息一下、睡一会儿。但是这些过程也需要能量（有意识并实施），因而能量存储也会随之下降，达到所谓的"抵抗阶段";或者当精神、身体和心理资源耗尽，无法进行恢复时就会进入衰竭期。

我们的身体是一个真正的生存适应艺术家，它不会轻易被压力激素和刺激压垮，至少字面意义上不是。然而，科学发现也表明，皮质醇水平持续升高会削弱免疫系统，使人们更容易生病，无论是小病还是大病。如果没有通过运动、放松来积极应对压力，并降低激素水平，身体就会处于激素的"持续风暴"状态。如果不采取措施减轻副交感神经和迷走神经的负担，人就会崩溃。迷走神经是副交感神经系统的一部分，参与调节几乎所有内脏器官活动。当它工作时，会将平静传递到身体的所有部位，因此它也被视为连接身体和心灵之间最重要的纽带。

心理学家理查德·拉扎勒斯（Richard Lazarus）在他的"交互模型"中提出了一个补充的心理学方法。这个模型将重点放在压力的主观评价以及面对外部刺激的个体感知上。首先进行初级评估，用于评价刺激是积极的、无关紧要的，还是与压力相关的。如果评估结果是"与压力相关"，边缘系统和杏仁体中就会产生压力刺激，并立即释放压力激素。在下一步，也就是二级评估中，身体会在几秒内确认是否存在适当的应对机制面对压力源。需要强调的是，这绝不是一个主动的过程，而是无意识层面自发完成的。如果系统找到一种应对策略（当然也是在无意识层面），压力反应和压力激素的释放都会减轻。当我们回看塞利的研究，就可以发现这与短暂抵抗后快速恢复的理论相吻合。**如果情况相反，评估结果认为缺乏应对策略，那么压力源将成为一种持久的负担，身体也会进一步释放导致紧张、器官工作增强的激素。**

拉扎勒斯首次提出每个人在精神和情感层面都有所谓的"过滤器"。这意味着除了了解哪些激素会在身体哪些部位引发压力的证据之外，**自己看待世界的态度、应对压力的方式也对抵抗阶段后的恢复起着决定性的作用。**

"压力源"一词表示环境中可能引起应激反应的条件。每个人的压力源可能完全不同，可能是自然灾害、当日新闻、给孩子换尿布、工作和幼儿园间的往返路程，甚至是晚上必须做饭的义务，因人而异。**当人们受到疼痛的折磨，感到饥饿、口渴或者过度疲惫时，身体状况也会成为压力源。实际上，只有当需求与应对能力出现差距时，压力才会产生。**因此，并非所有的刺激或外部要求都会被认为是压力负担，只有那些我们（潜意识中认为）不能顺利应对的情况才被称为压力。

格特·卡鲁扎（Gert Kaluza）在他的著作《压力中的冷静与自信》(*Gelassen und sicher im Stress*) 中总结道：

"压力源是我们主观上认为重要但不确定能顺利应对的要求。"

这种心理学观点使我们能够理解为什么压力是主观的，而恢复也是如此。因为我们感知世界的那个过滤器是通过上述内在评估过程"编程"的。负面、失败的经历会对其产生影响，在重复面对压力源时会增加内心的紧张感。**同时，如果积累了足够的资源与成功的处理经验，人们就可以迅速应用所谓的压力应对策略，顺利放松下来。这样不仅能对逆境作出反应，有时甚至还会化压力为动力（重新评估）。**

作为母亲，有些事也会让你害怕，担心自己不能轻松解决。**但通过每一次（微小的）积极体验，你的大脑会记得你有能力应对这种压力。**大脑中会形成许多新的小路径，它们甚至在某一刻会让你开始期待自己曾经厌恶的事情。这对高敏感母亲来说意义格外深重，**因为它说明了没有什么是世界末日。**某件事情当前不顺利，让你感到恐惧、感到超出了自己的能力范围，并不意味着你永远都做不好，永远摆脱不了这个压力源。

"你的大脑有个奇妙的特性，即在你的生活中不断发展、改变最终'完善'自己，从而提高你的生活质量。"

因此，通过有针对性的学习，人们甚至可以将多年前

的压力源转化为挑战。所以**我们要有意识地投入精力训练自己，努力摆脱压力源，积极地调整现有状况**。我们的大脑天生就有这种能力，每一天都可以改变。然而为了产生这种动力，我们需要时不时地收获一些**积极的经验**。你不仅需要去创造这种经历，还要时常有意识地感受它们、记住它们。**如果你缺乏积极的心态，就要刻意去制造一些**，这实际上也是终身学习的过程。

一切刺激迷走神经和副交感神经系统的事物都会在人类身上产生所谓"放松"的感觉，也就是压力的反义词。这种放松状态在理想情况下应该在四个层面上自发产生，即情感层面（情绪调节能力）、身体层面（肌肉张力、肌肉紧张、呼吸、免疫系统等）、思维层面（注意力集中的能力、创造力或共情能力等）和行为层面（例如专注度、耐心与冷静）。**但遗憾的是，这仅仅是理想状况**。想要进入放松状态，我们需要对前额叶皮质（大脑中在情绪评估后可以做出理性决策的区域）的刺激**进行积极评估**，因为这些刺激会激活迷走神经，从而激发意识与潜意识的交流，这样我们才能更好地**接纳情绪**，并实现思想与情感间的放松平衡。

紧张与放松交替才是一个理想的生活状态。正如上面所描述的，没有压力就没有成长、没有进步，也没有肾上腺素的释放。毫无疑问，**没有压力激素，我们就无法发展**。但对于高敏感的大脑来说，**抑制过度压力、降低皮质醇水平才是难题**。高敏感人群天生更易患上与压力相关的疾病,免疫系统也较弱。因为他们对轻微的压力也能感受到持续增长的压力,也就更容易受到负面的外部刺激,雪上加霜。

针对这一话题有很多相关理论。例如,人们怀疑比起非高敏感人群,高敏感人群大脑的丘脑活动会增加,因为伊莱恩·阿伦团队发现高敏感人群所拥有的其他特征在神经生理学上与下丘脑相关,例如对睡眠不足、饥饿口渴高度敏感,对咖啡因等外来物质反应强烈等。下丘脑是人脑的"情绪调节器",因此可以合理推测,高敏感人群的调节器初始值可能设置过高(或过低),放行了"过多"的刺激。感谢迄今为止在高敏感性和脑科学领域的多项深入研究,让我们可以解释这种情况是如何发生的。

高敏感性、过滤器与刺激处理

高敏感人群的感官通道比非高敏感人群更"畅通",能明显感知到更多的刺激。高敏感人群并非在臆想自己的耳朵更敏感,**他们确实可以听到每一个微小的声音**。而除了听觉敏感的类型之外,还有人的嗅觉更敏感、味觉更敏感或触觉更敏感,能感知到其他人无法察觉的事物。

这是因为一般来说,感知区域通常会"预先过滤"刺激源,以避免短期记忆过载。潜意识会替你决定哪些信息是重要的、哪些是不重要的。而这却引出了高敏感人群的

▶ 好妈妈需要高敏感

第一个挑战——他们的感官接收器并不会仔细筛选信息，只会单纯地将大脑提供的一切照单全收。尽管他们的直觉强大而精准，但只有在大脑学会设定优先级之后，他们才能感知并理解这些直觉。而现在，一切微小的信息都毫无阻碍地通过了。顺便一提，这种现象在高敏感婴儿身上尤为明显。多年以来，进行儿童性格研究的美国心理学家杰罗姆·凯根（Jerome Kagan）在 1994 年提出"高反应型"幼儿的概念。这种类型很容易通过其独特的行为识别，因为他们的大脑渴望不断获取信息，同时又发出信号警告信息过载，这种矛盾会以躯体行为显现出来。这样的孩子通常早早就会坐在父母的腿上，瞪大眼睛观察周围。然而，他们时不时就会转头看向父母，揉揉眼睛，把头埋下，因为疲惫和消耗而哭泣扭动，然后瞬间又再次回过头来，继续接收信息。尽管随着孩子的成长，这种行为会逐渐改变，他们也会慢慢学会保护自己不要"过载"，但大脑处理信息的模式依然不变。成年的高敏感人群已经学会了一些生存策略，可能不会再瞪大眼睛一刻不停地四处看，但仍会不可避免地在社交中（无论是何种形式）感到筋疲力尽。因为他们**接收到的刺激信号仍然很多**，如果没有意识到并解决这种矛盾，那么问题会一直存在。简单来说，**高敏感大脑在第一次与刺激接触时就是过载的**，此类人群需要不断学习如何对信息进行过滤、筛选和拒绝。这个过程中最辛勤工作的是"视觉处理信息系统"，其中有专门用来迅速识别解读他人眼动的神经元。在这一过程中系统会根据周围人的想法、目的和行动意图来评估对方当前的状态，并加以解释。

我想用一个例子来解释人脑如何处理刺激、在何处释放压力荷尔蒙，以及这个过程为何如此重要：假设你和孩子一起去游泳馆。各种刺激通过不同的感官系统冲击你的大脑，听觉（叫喊声、尖叫声、水花声、人群间的对话声、喇叭里面的音乐声、广播声、淋浴喷头的水声等）、视觉（泳衣的颜色、水、游乐设备、其他人的头发、家具的形状、游泳池等）、嗅觉（氯气以及沐浴露、更衣区、防晒霜的味道等）、触觉（脚下湿滑的地板、冷水龙头、热水龙头、粗糙的毛巾），等等。所有这些刺激首先会通过感官通道传入大脑的感知区域被人所感知。神经递质进而将信息传递给边缘系统，这里是大脑负责感知不同情绪的区域，会对刺激进行感性评估。在大脑的其他地方还有下丘脑和扣带回，这些区域会触发共情与同理心，我们将在本书的后半部分展开讨论。

这个过程帮你不加筛选地接收所有信号，你也不会意识到大脑正在读取它们并判断这是愉快的欢呼声还是泳池那头孩子的呼救声。此外，刺激信号会通过杏仁体，即我们体内的"**警报系统**"，它主要负责分析潜在的危险、进行情绪评估和回忆似曾相识的场景。它会处理通过感官通道传入大脑的外部刺激，启动植物神经系统。杏仁体也称杏仁核，对所有情感或快感体验都起着重要作用。它向不同的脑区发送信号，**触发反射动作、恐怖表情，以及胃肠道**

或面部的不同应激反应，也会启动肾上腺素和多巴胺的释放，调整呼吸，激活注意力。总而言之，大脑的这一部分会决定我们是否进入**紧张状态**、是否释放应激激素并进入身体的警戒状态。当杏仁体发送信号时，我们的身体会瞬间感到紧张，并进入"战或逃"模式，触发人体的原始本能。

在刺激进入下一个脑区之前，有一个重点值得注意：我们现在处于处理刺激的第二阶段，也就是在接受刺激或感知刺激后立即进入的区域。在我们感知到刺激的瞬间，上述过程就会被触发。而逻辑反应和肢体行动都是在信息处理的后续阶段才会出现。

我们可以把杏仁体想象成一个洪亮的**彩色警报器**，会在几毫秒内自主判断是否存在危险和威胁。如果判断为"是"，就会在几分之一秒内将肾上腺素、去甲肾上腺素和皮质醇释放到身体各个部位、各个器官。压力荷尔蒙的唯一工作是倒逼身体提高工作机能，提高脉搏和呼吸速率，使我们变得**更快、更有力、更警觉、更清醒**。它们直接快速地保证我们处于兴奋状态，可以奔跑、攀爬、调用更多能量、调用身体的终极储备。**这个知识对于高敏感人群很重要**，因为这种脑部的神经生理过程证明了压力和压力反应并非我们有意识的决定，而是**大脑中古老的机制。它们是自主的、自发的。**

一些模糊、几乎难以察觉的刺激或者微弱的声音就会触发后续的刺激处理过程，与已知信息相匹配。大脑的感知区域会提取出重要的附加信息或对情况进行补充评估。随后信息会传导至理性中枢，即新皮质和前额叶皮质，最后决定应该作何反应以及如何有逻辑地处理所有的信息。

但是为什么高敏感人群更容易陷入压力呢？ 想要回答这个问题，首先要大致了解大脑中对刺激处理的机制。**我可以直接告诉你，这个机制很简单。** 据推测，高敏感大脑中的神经递质（信使分子）浓度更高，从而导致更多刺激信号进入通道，对刺激的过滤不如非敏感大脑。还有很多研究推测多巴胺、血清素或催产素等神经递质系统的基因突变也可能是一个原因。最终的科学研究成果还需要我们再等待几年。

也就是说，**过多的神经递质小帮手排起长龙，热情高涨地传递着信息。** 高敏感大脑**在短时间内失控地处理了过多的信息，也就天生更容易受到压力的影响，** 因为大脑在一刻不停地工作。大量不受控制的刺激信号让杏仁体被迫频繁发出警报，作为身体的基础保护措施。所谓的"易反应过激"由此而来。

大脑是一个复杂多变的器官，会对不同形式的刺激做出不同的反应，严格来说其实是改进。这种神经的可塑性让人类能够持续不断地训练并塑造自己的大脑。但与此同时，我们也在不知不觉中因为后台的不断运行而变得疲惫。

> "因此，高敏感日常生活的最大挑战就是防止大脑因为'自我训练'太快产生疲累，因为训练总是不加筛选地接收、接收、接收……"

超负荷与你已经起床了多久、当天出现了多少高压情况不一定有关系。事实上，一个人自身承受能力取决于很多不同因素。根据我自己的真实经历，即使早上8：30才起床没有2小时，也可能已经感到心力交瘁。身体和大脑会试图采取保护措施，通过出汗、恐慌、疼痛的信号来提醒你它们需要休息。心脏会开始变得沉重而虚弱，大脑内天旋地转，思绪如暴风般汹涌。高敏感的人还会开始紧张甚至发抖，毫无安全感。当然这不仅与个人天性有关，也与日常有多少机会减轻压力、为自己储能有关，储存的能源可以在压力再现时被调出利用。

在本书练习的帮助下，基于你对自己的了解，你一定能找到并学会许多这样的技巧。

排山倒海般的细小刺激

感官功能高度敏感的人常常会听到这些话："你到底总是能闻到什么味道？""我反正什么都没听到，你到底在说什么？""就那么一点儿阳光，怎么就会头痛？"或是"我真不知道你有什么毛病，那个人其实挺好的啊"。

这个世界很擅长评头论足，评价自己、评价他人、评价人们的成就。因此你应该明白，**注意到一些别人无法理解或感受到的事并不意味着你有问题**。但是这些话会时不时伤害到你吗？那么**请意识到，你正在受到不公平的评价**。试着挣脱这种束缚，将自己的能力视为一种特长。你并非"做作"或"夸张"，只不过是被别人无端评价了。

当你被别人评头论足或是感觉对方无法接受真实的你时，不快的感觉就会产生。你可能会感到愤怒或悲伤，甚至羞愧或内疚，很难无动于衷。你的情绪可能会瞬间爆发，让你难以集中注意力在其他事情上。你的悲伤那么浓烈，将你困住，让你的心变得沉重而无力。你的喜悦那么强烈，让你感觉一切都是那么美好。你的愤怒充满能量、冲动，难以回归平静。你的恐惧会侵入身体每一个毛孔，紧咬不放，让你彻夜难眠。**你不只是累了，你还筋疲力尽。你不只是病了，你还在承受折磨。你不只是失望，你还深陷悲伤**。无论你感受什么情绪，它都是如此强烈，以至于当它消散之后你会感到疲惫不堪。请注意，你的情绪波动和感官系统都没有问题，以及现实并不浪漫。而这两件事都是你无法改变的，**你能做的就是认识到自己的界限，提前保护自己，尤其是警惕那些会持续刺激你感官系统的信号**。

▶ 好妈妈需要高敏感

马琳（Marleen）："我根本无法忍受其他人的'气味'，也许他们觉得并不明显，但对我来说却挥之不去。如果我在生理上不能接受一个男生的气味，那我就不会继续跟他约会。这听起来很疯狂对吧？自从我戒烟以来，我的嗅觉变得更加敏锐。在我女儿出生之后，我几乎不再用香水了，因为我完全无法忍受它们的味道。"

莱拉（Lela）："每次在酒吧我总是听不清对方在说什么，因为我无法过滤噪声。我的朋友们一直不理解，因为我的听力非常好，但是我依然听不清。"

你并不孤单！在我的咨询生涯中，我遇到的每一个女性都至少有一个感官异常敏锐，远超平均水平。因此，这不是你和她们的缺陷或弱点，相反，这些都是利于人类群体进化的优良品质。当在狩猎、遇到危险或是大本营遭到袭击时，是你们的祖先最先发出警报，及时通知那些身强体壮的人。正是这种组合在地球上维持了一种平衡：我们需要建筑师，他们具有想象力、创造力和对美丽建筑的洞察力，同时还需要建筑工人，他们一块块垒砖，用力量与毅力不知疲倦地建造出房子。

第三章｜什么是高敏感

你已经开始猜到我要说什么了吧？这两者没有孰轻孰重、优劣之分。他们只有相辅相成，才能构成世界，创造平衡。正因为如此，请记得不要再努力摆脱自己的敏感性了，它是那么重要，那么必要。

普通敏感与高敏感大脑的区别

如果从未学会如何"控制"自己的高敏感性，大量刺激就会快速涌入大脑。打个比方，假如每个人在进入大脑之前都有一个免费、开放的停车场，但非高敏感人群的停车场门口有一个栅栏，那里坐着一个不友善、满头白发的固执老头儿，他已经作为停车场管理员在这里坐了几百年，穿着一身深色制服，严守岗位。他会判断谁可以进去、谁不可以。他不会随便让忧虑、恐惧和负面思绪进入，只会将它们分类整理。因此，非高敏感人群在放松时不会被无休止的思绪所困扰，他们可以坐在阳台的长凳上，什么事都不想，静静地享受一小时。他们可以用宁静的心情尽情享受当下。停车场管理员会在仔细检查之后才打开门，让重要信息进入，随后再次关上门。他会要求刺激在停车场等待，直到大脑准备就绪，自己则在一旁沉着脸、抽着烟。

高敏感的大脑也有这样的公共免费停车场，这一点与其他人没什么不同。只不过这里的停车场管理员是个散漫

的哲学生，他一直望着窗外失神地写着诗。顺便一提，他穿的不是制服，而是五彩缤纷的亚麻裤。而且因为他把注意力都集中在其他事情上了，所以门全天都是打开的，各种想法和刺激都可以轻而易举地驶入大脑。这可能在早上8点还不是什么问题，但到了中午，可怜的大脑中就会产生可怕的交通堵塞，因为它不能协调全部的车辆。司机们也很恼火，不停地按着喇叭，停车券和停车位都没有了，这时管理员才意识到他早就应关上门，但为时已晚。**正如你所看到的，停车场管理员和一直敞开的门才是高敏感的问题，高敏感本身并不是。**这两个停车场管理员的职责实际上都只是控制栅栏，只不过一个认真履行自己的职责，而另一个手忙脚乱。

这就是你总在生活中感到透不过气的原因。真的压力很大！我们刚刚就证实了这一点。我想请你就这样接受这一点，因为它是真实存在的。你肯定常常听别人说，一切都没有那么糟，你只是心太重了。你每天都看着其他人游刃有余地处理一切，是的，他们做到了。**但不是因为他们比你更好、更强、更有能力，而是因为他们的大脑在以完全不同的方式处理信息。**

◇

"迈向宁静的第一步就是承认你的大脑就是这样运作的，你无法改变它的特殊。"

也许这会让你很震惊，也许你马上会问自己是否必须永远带着这种压力生活，也许你希望摆脱这一切。但是这样会给你的大脑带来更大的压力，**因为你在浪费资源追求不可能的目标**。我一直都想要浅棕色的卷发，但我没有。我的头发是米金色的，又细又直。而且无论我染了多少次，头发原本的颜色总会露出来。

也许它让你超负荷工作，也许你不想理会它。毫无疑问，你渴望一种更简单的生活。当你被情绪湮没时，将这本书放一天，休息一下再尝试。**并不是每次了解自己的情感世界都能带来安慰，相信我，我非常理解这一点**。也许你正在面对一团糟的生活，就像当初我发现自己属于高敏感人群时一样，每天都筋疲力尽。你的想法不容置疑——这样下去是不行的，不能再这样下去了。我向你保证，事实并非如此。你可以学会掌握自己的生活状况，让你的家庭生活变成自己梦想的样子。但无论如何，你的高敏感性永远都是你的一部分，它蕴藏着不可思议的机遇和巨大的潜力。而这些都是你已经拥有的，你可以将它们挖掘出来，因为对于无法改变的事实，爱与接纳才会释放出促进你大步发展的资源。

比如，你终于可以真正释放出作为一个高敏感女性和母亲的光芒。因为你的身上还隐藏着许多宝藏。

练习：你处于压力之中吗（一）

你的天性已经为你的大脑造成了相当大的压力——这一点我们在前面的段落中已经阐明了。但这并不意味着你毫无办法，只能深陷紧张、过度刺激的生活中无法解脱。事实上，如果你自己处于不断抵抗甚至筋疲力尽的阶段，也就是你已经承受了长时间的压力，那么你的储备也趋近于弹尽粮绝。因此对你来说，知道自己处于何种压力水平是非常重要的。

为了这个练习，请给自己一点儿安静的时间，为自己泡一杯茶或咖啡，舒适地坐在桌前，平静地写下问题的答案。每个问题都请用几分钟认真思考。如果你处于紧张、冲突中，或今天很忙，只有 2 分钟，那么就不要做这个练习。请给自己 10 分钟，你需要 10 分钟的宁静，即使是晚上 11 点后也可以。

一个接一个地问自己下列问题，并在一张没有图案、边框和格子的白纸上写下答案：

当你早上睁开眼睛时，你的第一个想法是什么？

在脑海中从晚至早逆向回顾你的一天，记下你完成了哪些任务、步骤是什么。鸟瞰自己的一天。

练习：你处于压力之中吗（二）

现在看看你的笔记，深呼吸。当你回顾自己的一天时有何感受？观察自己的感觉，你注意到了什么？你感受到了什么？你对自己、一天的生活、各项任务有什么感受、情绪和想法？

在做完这个练习之后，你可能会感觉悲伤或绝望。你可能会发现自己早上的第一个念头是恼怒的叹息，或是被当天日程安排吓倒。你意识到自己的生活充满压力，不能充分享受每一天、享受生活与家庭，因而感到很受伤、很难过。我多么希望我可以消除你的悲伤。但你知道吗？在今天，这个悲伤是有意义的，让它告诉你它想倾诉什么。倾听你的感受，找到你究竟在渴望什么。你会想在一个普通的日子里做什么？什么事情是你想抱怨咒骂的？又有什么是你想要马上处理的？

你的绝望、愤怒、悲伤或无助都该被接纳，它们并不是为了给你出难题，而是帮你意识到自己在生活中长久地缺失了什么。 因此，不要推开你的悲伤，不要试图分散你的注意力，也不要着急问"我该怎么做"。之后自然有该处理它们的时间。但就目前而言，你的悲伤就是悲伤，失望就是失望。它们对你来说是有价值的！

第四章
如何应对压力

正念——福祸相存

在日常生活中，我们有多少机会去感受负面情绪，花时间去体味它、释放它？你的孩子因为没吃到第二个冰激凌球，在电车上向你喋喋不休了很久，你现在很想哭，但社会告诉你不可以。而且很可能这时会有一个陌生人转向你，不经你同意就开始教育你的孩子。然后你就能听到一些自己再熟悉不过的话："听着，这有什么可闹的？你已经是个大孩子了，不应该再为一个冰激凌球哭鼻子了！"

一切都没那么糟，对吗？你只需要再坚持一下，然后……控制住自己！你不能在车上哭！现在看看事情积极的一面……但是积极的一面到底是什么呢？

在我看来，问题就出在那里。或者换一种说法，你可能也是一名放弃了正念方法的高敏感母亲，因为你似乎找不到那种持续的"和平、快乐、幸福"的感觉。也许你像

| 第四章 | 如何应对压力

许多人一样，尝试做过瑜伽、冥想或其他习得感恩与接纳的方法，但最终都失败了。**但我希望你不要彻底放弃这些尝试，**因为只要我们方法得当，它们真的可以帮你解决日常生活中的一些困难与挑战。

用尽方法仍难以放松的塞巴斯蒂安

塞巴斯蒂安（Sebastienne）来找我咨询，她的女儿15个月大了，孩子精力充沛得异于常人，而她也到了崩溃的边缘。她筋疲力尽，经常生病，睡眠不足。她说自己的女儿在很多方面都很极端。那些最简单的小事、最普通的情况也总能成为压死骆驼的最后一棵稻草。塞巴斯蒂安是一位充满爱心、拥有自我牺牲精神的母亲，在过去的15个月里，她每天都极尽所能。我所说的"极尽所能"不仅仅指她对女儿的陪伴与安抚，还包括她为改变现状所做的一切努力。她试过**正念冥想、可视化训练、自我肯定、感恩日记、呼吸技巧、肌肉放松、自我暗示**等方法，但她的**紧张与愤怒仍不断产生**。最终她听说了家庭学校这个概念，同时也找到了我。在我们最初的邮件中，我要求她描述家里的情况以及自己的愿望。她告诉我自己有多么疲惫，也承认有几次对女儿发了脾气。她希望找到一种方法能让自己"撑住"，让自己顺利过渡到妈妈的角色中。她已经很久没有像从前一样从事自己热爱的创作工作了，与家庭学校的沟通也耗费了她大量的时间。塞巴斯蒂安几乎和所有第一次来咨询的母亲一样，希望**找到陪伴孩子与消化自己情绪的平衡**。她对女儿表现出无限的理解，决心永远不会让孩子觉得自己做错了什么。她希望我可以给出一套应对日常生活的解决方案，但我告诉她我没有更多建议，我想建议的她都已经知道了。她有些失望。而我相信，对她来说更重要的是**能够真正表达自己的情感**，而不是将它们分为**"对"和"错"**。我们决定试试这种方法。

  人们对正念的理解常常是错误的。事实上，它是完全没有价值判断的，即**它不会认为负面情绪是错的、禁止的**，它只会要求我们增强知觉，活在当下。严格来说，禁止、否认所有所谓"不适当"或"不愉快"的情绪，其实是非常不自省的行为。在我参加过的无数闭关、冥想或静默研修中，总会有人在冥想或练习过程中痛哭流涕。这是完全合理的，因为情绪不会自行消失。相反，如果我们压抑它们，把它们打入地牢，不允许它们履行自己的使命，其实是在阻止自己了解自己的潜力和内心。

  然而，问题是我们通常会对自己的愤怒做出负面评价。首先，愤怒就是愤怒。我们如何看待它，如何评价它，如何禁止自己感受它，都有可能导致新的问题。因为我们从小就教育孩子，**并不是所有的情绪都是被允许的，社会只会接纳其中一些**。在公交车上，我们成年人总是躲在手机后面，而不会与坐在旁边的人轻松交谈，因为这不太合适。而那些不能适应规则的人，通常也没有好结果。

| 第四章 | 如何应对压力

塞巴斯蒂安非常能共情女儿的感受,能够理解她为什么生气、伤心或绝望。但她也在某些时刻说了一些气话,让女儿觉得自己的情绪是不受欢迎的。

尽管进行了几个月的正念练习,她依然会失控,这让她很不舒服。更重要的是,她迫切希望自己尽快摆脱正念的习惯,她不能接受正念带来的感觉,不,她甚至再也不愿意面对那种感觉。塞巴斯蒂安告诉我,对于目前的状态,自己必须要么享受、要么离开、要么改变,"love it, leave it or change it"。是的,这就是难点,究竟该怎么做呢?如果一个孩子每天都要哭上几小时,此时要享受就很困难了。如果躲出去,把孩子一个人留在房间里呢?显然不是个办法。因此改变才是解决之道,这也正是她来这里的目的。但前提是我不会告诉她必须给孩子设立界限,严厉教育或禁止她的情绪,不然她可能会立刻离开。

塞巴斯蒂安还认为,如果她开始冥想,做瑜伽,宁静就会自动降临。毕竟很多广告都是这么说的:"如果您参加了 21 天的冥想课程,就可以更好地应对带娃生活。点击这里查看详情。"

可惜只有当我们真正鼓起勇气正视自己的时候,这个方法才能奏效。**愤怒是高敏感的核心课题**,我们将在本书的后半部分集中讨论。现在,让我们回到第三章的练习以及评估自己的压力水平。它们之间有什么关联呢?

"无能为力"的感觉总会给高敏感母亲带来负面压力。孩子是按照自己的节奏成长的,而那些希望用爱心、满足

▶ 好妈妈需要高敏感

孩子需求或依恋为导向培养孩子的母亲往往会遇到自己的局限。然而，不断地在局限中四处碰壁，没有喘息的机会，会让压力水平急速攀升。因此，在生活的某个时刻，我们别无选择，只能去处理那些"负面"情绪。那么最好就从今天开始吧。如果我们不去关注它们，没有意识到它们的存在，**理解它们在提醒我们内心深处还存在未满足的需求**，那么我们就难以前进。**那些虚构的美好计划并不适合你，而且这绝不是你的错！**要知道还有成百上千的母亲在屏幕前一遍又一遍地问自己与塞巴斯蒂安、你和我完全相同的问题：

◇

"这该死的处境到底要怎么解决？"

我想这并没那么容易，因为要真正摆脱怒吼、紧张、负担或压力，我们必须完成正念真正想让我们做的事，即保持觉察。我们需要意识到有某种东西需要自己的关注与倾听，因为它正试图向我们传达信息。只有当我放开自己去看清事物的本质，倾听自己内心深处潜藏的情感时，才会柳暗花明又一村。让自己感受当前存在的一切吧，即使它看起来似乎没有价值。进入你的内心世界，允许自己说出：

| 第四章 | 如何应对压力

"现在这一切都糟透了！"

有一天我和丈夫吵架后，我将一张白纸放在桌子上。在过去几年我在各种宝典中都读到过"专注于负面事物没有任何益处，我们应该多强调积极的感受"。我已经努力练习了好几个月，压抑所有不愉快和不满情绪。但这只是表面功夫，而且没有带来任何好处。而那天我们再一次激烈争吵，我感到厌倦了。于是我在纸上写下了**"我恨"**，然后做出了一张思维导图。我围着这两个字写下了所有让我发狂的事情，用一个一个圆圈圈起来。然后我拿起纸，审视着自己讨厌的内容，接着把纸反过来，试图找到其中积极的一面。但我发现这很困难，而且似乎**回忆美好的事情并不是我现在内心真正的需求**，好像只是肩膀上的天使要我这么做。我写了几个字就停下了，甚至还画掉了一些词。然后我叹了口气，把纸叠了起来。

我感到如释重负。我在 A4 纸上涂鸦的行为不能说不暴力，它没有帮助任何人，没有任何价值，而且聚焦的都是错误的事。但我终于松了一口气，我把自己的愤怒和紧绷锁了这么长时间，现在终于能够说出自己的烦恼了。我把纸条折好，离开了房间。

丈夫回来后，我把纸递给他，让他大声读出来。他吞吞吐吐开始读，他越念，我越觉得好像不对劲。"恨"这个

▶ 好妈妈需要高敏感

词似乎用得不合适,其实应该说是"……让我有压力""……让我紧张""因为……"或"我不太想……"。现在我有机会把自己的内心感受倒出来重新整理一遍,世界看起来就完全不一样了。

我们这一代人在很多方面做得并不好。例如我们的生活节奏太快,以成绩为导向,无法在必要时给那些(被迫)承受更多情绪负担的人提供空间,即使这是必要的。然而,这是一个不可或缺的处理过程。我们的社会希望情绪可以有一个"开关",像在完成报税这样重要的任务时,你就不会被情绪所干扰。不然你可能会因为今天与女儿的争吵而分心,没法儿好好算数,最后延迟一天提交报税申报,给社会带来新的问题。

"别再哭了!""别这样!""我不能带着情绪!""控制住自己!"——这些话确实能让你忘记如何感受自己。它们让你压抑情绪,你会把它们封存在某个时间点,某个更适合崩溃的时间点。但我认为,只有你真正处于情绪之中时,你才能真的表达自己的冲动与情感。

让我们回到上面的例子。如果几周前我没有"疯狂地"试图锁住我的愤怒和压力,结果会怎么样呢?也许我会更及时地提出有些事情正困扰着我,我不开心,我们必须找到一个解决方案,而不是告诉丈夫所有"我恨"的事。你可以猜到我丈夫当时的感受。是的,他很受伤。

但我剥夺了认识和感知自己负面情绪的权利,然后用其他方式让自己振作起来,控制自己,摆脱情绪,同时也失去了自己感知自我的能力。

情绪是你与生俱来的权利

我不会剥夺自己或他人，尤其是孩子们拥有感受的自然权利，我选择不再说出上面那些话，并一遍又一遍地提醒自己，每个人都拥有这种权利，这是所有人与生俱来的权利。哭泣和悲伤、愤怒和抱怨、压力和牢骚……没有哪个需要被禁锢。事实上我相信，如果你封锁住它们，它们会变得更危险。

> "对你和家人来说，'情绪是我与生俱来的权利'这句话能让你们受益匪浅。"

当然这并不是鼓励你每次都对孩子或丈夫大吼大叫，绝对不是！ 相反，它是帮助你在情绪产生、萌芽和初现时感知它们，与它们共存，这样才有助于你和家人的相处。感受你的压力并说出它的名字，只有这样你的丈夫和家人才能知道你需要休息。感受你的愤怒并说出它的名字，只有这样孩子才会知道发生了什么。长久来看，这比大喊大叫、暴躁、哭泣或发脾气都更有用。**审视你的悲伤并正视**

它，深深地叹上一口气、哭上几分钟，都对你的心理健康非常有益。眼泪是解放身体的巧妙工具，可以轻松冲刷掉应激激素。它们就是为此而存在的，所以你又为什么要压制它们呢？而且：

◇

"当周围人可以体会你的情绪时，你又需要为谁而控制自己呢？"

作为一个高敏感的人，你长久以来一直受到周围环境的伤害性命令。你很熟悉这些命令，也做好了准备。当别人说"控制一下自己"，你学会了不再过于情绪化地作出反应，以免再次被逼入墙角。而且你一定和我一样努力，不让自己看起来像是在"发脾气"。

但是情绪不仅是你的权利，也是你最美丽的能力。它是我们世界组成急需的元素，永远不该被封闭起来。

◇

"我们可以学会感受自己，也给他人真实表达的空间。"

这就是为什么我希望大家都更敢于做出情绪反应。我

相信只有这样，我们的社会才有机会学会如何好好处理情绪。

也许你经常听到别人告诉自己不要那么敏感，你不该爆发情绪，或是你只需要改变、释放，学会去爱。其实这也不完全错，因为有一项研究证实，高敏感人群对正念相关的训练有格外积极的反应。冥想、正念训练、MBSR（正念减压）和很多其他练习都可以帮助你，但它们不是自动生效的灵丹妙药。**因为你更需要的是释放自己真实的情感**，让其他人看到并获得帮助，而不是让这些练习本身达到什么效果。因此，深呼吸几千次压制愤怒并没有任何用处。**愤怒就在那里，而且它有话要讲**。很多人认为抑制情绪是一种处理方式。我知道对许多人来说这确实有效。然而，对于高敏感人群来说，试图抑制情绪严格来讲只是按下了暂停键。我们或许可以通过多年的努力暂停情绪，但等有了孩子之后，被严重忽视的情绪还会出现，并且需要我们的关注。

"发泄情绪不等于向他人发泄。"

理解这种差异是养育孩子的基础。如果你认为自己绝不能对孩子表现出任何负面情绪，那么你也可能会把这种想法传递给孩子。如果我们从未在孩子面前哭泣，不允许

自己发泄咒骂或愤怒，那么这种行为也会深深刻在孩子的脑海里，他们也会这样要求自己。然而，在生活中的危机、受阻、悲伤等负面时刻把情绪表现给孩子，和把情绪发泄在孩子身上存在着根本的区别。因为我和德国基本法都绝对不允许对任何人施加暴力，无论是身体上还是心理上的暴力，尤其是对孩子。所以我在这里并不是主张应该把愤怒投射在孩子身上，或对他们发脾气。我主张的是要保持真实和真诚。

> "你是否为了孩子而忍气吞声、强忍悲伤或强打精神？那么请记住，孩子也希望你好。"

孩子不希望你压抑自己，而希望你感受生活，尽可能地充实自己。孩子的本能是从你身上学习，并与你的世界和谐相处。但我们的世界与感知都绝不是单一的。生活的丰富也包括所有的感知。你的孩子希望你能感受生活的全部，不仅是为了他，也是为了你。

神经可塑性

我们的大脑就像一个硬盘驱动器，但又不尽然。因为这台复杂"机器"的工作性能远不同于一台静态的、嘎嘎作响的机器。早在 20 世纪 60—70 年代，科学家就证明了大脑不仅是一个生物系统，而且是一个可以与环境中的影响不断交流、不断适应的系统。正因如此，我们也需要不断"重塑"。这是一个灵活动态的过程，并非一成不变地吸收僵化的知识。

为了弄清这些过程，以及为什么人类在发生意外或患病后仍能学习某些能力，一个研究小组于 1972 年在猴子身上进行了一项实验，他们切断了猴子掌骨的某些神经纤维。短短两个月后，研究人员发现猴子大脑中负责刺激的区域不再像预期的那样做出反应，而其他区域几乎扩大了一倍，并接管了这部分工作。几个月后他们又进行了另一项实验，将这只可怜的猴子中指截断了。结果表明，中指对应的脑区很快消失了，而相邻手指的脑区则自信地占据了这部分空间。虽然不能取代中指，也不能替它完成之前的任务，但这一迹象表明大脑中的存储空间并未死亡，而是立即被用于其他功能。

我们发现了神经的可塑性，同时也意识到大脑中存在一种对"存储空间"的自由竞争。如果某个特定区域不再被使用，相关的能力长时间停止实践或训练，**其他区域就会取而代之并占领这部分空间。我们正是在这个认知中找到了机会，可以利用这个空间来补充资源**。听起来似乎很简单，但事实并非如此。这就引出了神经可塑性经常被误解的地方："可塑性总是伴随着竞争，**这也解释了我们为什

么很难改掉不良习惯。大多数人认为大脑是一个巨大的容器，通过学习填充知识进去。如果我们想摆脱不良习惯，只需要将新的东西放入容器中。然而事实并非那么简单。当我们养成一个不良习惯后，它会控制大脑中特定的区域，每当我们重复这个习惯，它就加强了控制，阻止我们利用这个区域培养好习惯。因此，养成习惯往往比改掉习惯更容易。"

但这并不意味着不可能。它确实解释了为什么你会感到困难，为什么你几番努力去寻找积极的一面但仍会失败。试想一下，你想用某个空间养成积极看待一切、心存感激的新习惯，但这里仍被一个坏习惯所占据，阻碍着你的前进。如果你用明智的方式投入精力，直面挑战，它就会为新的东西腾出空间。

如何学习克服恐惧

为了和自己的高敏感达成和解，你需要克服恐惧。有些恐惧我已经通过之前许多可爱女性的例子指出来了，而其他一些会在本书的后续部分出现，还有一些你会自己找到。在关于内在驱动因素的章节中，我们会详细探讨恐惧的作用以及你该如何与它交流。然而，在你照顾孩子或处理日常事务时，你可能已经遇到了一些非常典型的恐惧。它们或许与你的高敏感性有关，因此值得关注，努力克服。因为事实是，简单的自我关怀是不够的。

一个人的压力和紧张至少通过以下三种方式之一得到释放：工具性的（结构性的，以第八章中的茱莉亚为例）、精神性的（在本章的自我肯定练习中会有更多介绍）和预防性的。在本章中，我们将探讨预防的可能性，并希望借此消除你对日常生活的一些恐惧。

停止对自私的过分恐惧

你的孩子对你来说是最重要的。相信我，我的孩子对我来说也是如此。世界上没有什么比孩子更美好的了！我很清楚你有多么爱孩子，多么想成为他的好母亲。但更重要的是你要明白，**对自己好一点儿不代表自私**。其实我甚至不觉得这两者有什么关联。

在你努力保护自己、照顾自己的过程中，你也在关注自己的健康、幸福和生活质量。同时你也会成为孩子们的宝贵榜样，因为他们看到的是一位关心自身幸福的家长。这可能为你们带来持久的松弛，试想 20 年后：你的孩子已经长大成人并为人父母，他们在过去这些年一直看着你如何扮演这个角色。而你希望孩子拥有独立的家庭后是什么样呢？你希望他们为家庭付出一切，全天候待命，即使自己已经疲惫不堪、生活并不幸福吗？还是你希望他们将家庭生活视为一种尊重、关爱所有成员需求的过程，并在其中也兼顾自己的需求？致力于满足所有成员的需求是家庭平等的基石，但不是全部。我们还必须学会重新分配家庭生活的负担,让每个人都能分担。**这是否意味着当你为了参加舞会不陪孩子睡觉,就等于冷漠?不,这当然不是。**你永远不会是冷漠的。你只会尽自己所能,让孩子在这种情况下也能尽可能开心。

你会认真挑选那些能够好好照顾孩子的看护人。你会在离开 10 分钟后再打一次电话,然后可能发现孩子们得到了很好的陪伴,现在正在家快乐地玩耍。第一次不成功?那就给自己,尤其是给孩子第二次机会。也许只是某个时间、某一天的某件事让孩子难以接受,也许是他感受到了你的怀疑与恐惧。也许,也许,也许……离开孩子一小时毫无疑问是种挑战,我绝不会否认这一点。但我想强调的是,你和你的系统都需要快乐,也不要成为孩子生活中唯一的陪伴者。你的孩子需要的更多!你应该给自己和新的陪伴者时间,因为适应需要时间。毕竟在你离开的时候,照顾孩子的人也需要跟孩子建立关系,这需要时间。在你们分别的时候,你肯定会觉得孩子哭了代表着他不希望你离开,因为他此时此刻就需要你。

但有两点很重要。首先,儿童通过自己的经验来认识世界。大概(最早)在 3 岁时,孩子对反应、情绪和行为的理解是非理性的,他们通过自己的行为从依恋对象身上获得反馈。他们哭泣,然后得到安慰,并由此产生直观的理解,即当我哭泣,对方就能理解并给出相应的反应。同时他们也认为所有人的思维模式都是如此。这甚至是一种无意识的想法。在 4 岁之前,他们的大脑还不够成熟,无法换位思考，也无法有意识地想象别人的想法。但在生命初期，人们还学会了像整个部落团结在一起，这样更有益于生存。接着他们会产生安全感，然后知道自己的需求能够及时得到满足。因此，对于婴幼儿来说，离开部落是完全不可理解的行为。对于他们来说，离开安全的领地就是灾难，这也是孩子不愿意这样做的原因。因此让我们和小孩子换位思考一下，当你跟他告别时，他会觉得这是难以置信的冒险。**因此哭泣并不总是意味着他只需要你，不需要其他人，只意味着他感知到了你离开的危险。**

其次，你的孩子可能在三四岁，甚至 8 岁后仍不愿意与你分离。这在高敏感儿童身上尤为常见。这个年龄段的孩子已经理解我们不再住在洞穴里了，他们知道警察和消防队，你也一定成功地让他们知道外面不只是充满危险的。但是对世界的解码不会就此停止，而是会延续到整个生命活动中。毕竟我们会终身学习。如果你发现孩子已经很大了却仍不愿与你分别，那么就值得审视一下自己了。

不要担心，这不是一篇题为《你放松，孩子才放松》的文章，绝对不是！相反，**我想邀请你在分别时观察自己的感受，你的孩子也能感受到那种情绪，即使你没有说出来。** 他可能感受到了你的不安，并以一种完全符合亲子关系、对孩子合乎逻辑的方式来作出反应，即表现出他更喜欢你留在他身边，因为亲密关系确实会带来安全感。当你们在一起时可以互相安慰、照顾。你们都希望对方过得好。所以实际上孩子可能正在保护你,试图让你留下,因为他感觉到你不愿意离开。然而,一旦孩子明白离开给你带来的安全感、喜悦、快乐或放松,你们就可以学会共同面对。如果事情没有这么顺利,那就回到最开始,检查看护者、环境、时间、天气等因素。相信我,如果离开真的非常不合适,而留下是更好的选择,那你一定会感觉到的。一定会的。

只要你并非真的自私,那么担心自己变得自私就是毫无根据的。你可以做个简单的自我检验:你是否突然不再关心身边人的感受,只希望有个休息日?或者你本来就很少允许自己休息,休息时也会有负罪感?按照定义,自私是追求个人利益而不顾他人需求,与自我中心主义和自恋有关。但请注意,**你天生就与这些定义截然相反**。你的高敏感是一种会全方位看待别人的性格特征,这是天赋。在你的群体中,你是那个比其他人更早察觉危险的人,有时甚至比他们本人更早察觉并吸收他们的情绪,冒犯了别人也久久难以忘怀。为了自己的利益而忽视整个群体的利益与你的本性相悖。你会先对自己节省,只是为了大家过得更好。这种情况发生的概率很高,同时也很危险。但这也证明,自我关怀、定期关注自己的状态与自私无关,而更多的只是为了保护自己,**避免在对他人的关心中彻底燃尽自己**。

你值得!停止对贪婪的过分恐惧

在我的一个工作坊中有一位叫布丽塔(Britta)的女士,她是高敏感人士,长期与自己的反应过激做斗争。她是两个孩子的母亲,其中一个孩子患有慢性病。工作结束后她一直等着我,这是我要求的,因为我真的好想给她一些提供关爱服务的机构地址,这些机构可以帮她解决日常生活中的特殊情况。除了给她电话号码和地址外,我还告诉她真的需要好好照顾自己。她的疲惫肉眼可见,就像阴影一样笼罩在肩上,挥之不去。我建议她好好照顾自己,好好休息,放松身心,做一些滋养心灵和灵魂的活动。布丽塔挥挥手,对我笑笑。生活太需要她了,以至于她无暇做这些。她担心如果每天给自己 10 分钟,需求就会像滚雪球一样无休无止,停不下来。

于是,在这种情况下我建议布丽塔不应该只给自己 10 分钟,而应该是一个半小时。很明显,她的潜意识告诉她自己需要这么做,但她的大脑介入,用似乎合理的说辞说服她这绝不可能。我相信你也熟悉这种感觉,**你渴望放松休息,但内心的声音一次又一次地干扰你**,给你摆出各种合理的逻辑论据,**阻止你做真正有益身心的事情**。当然,这背后还存在一种恐惧,那就是担心自己**没有能力同时兼顾自己和家庭**。感谢你的恐惧,它再一次让你意识到家庭对自己来说是多么重要,你多么不想因为其他需要而忽视它。接下来请相信自己能够胜任这项任务,将你急需的东西交到自己手中。相信自己，你能够恢复好，并且仍然是世界上最好的母亲。是的，你最好马上意识到这两件事是互为因果的。因为如果你能抓住机会为自己充电，提高幸福度，那么你的孩子也能见到一个有时间、有耐心的母亲，一个平衡、快乐、充分休息的母亲，一个能够自如应对日常压力与紧张的母亲。

恐惧的背面是信任，而非控制

你是否担心自己会失控？你是否认为别人无法做得像你一样好？你是否觉得很难将孩子托付给别人，也不能指望别人做得好？

我很清楚这些想法。我还记得在彼得出生的头几年，我坚信自己应该独立完成所有事，因为别人接手时总会犯愚蠢的错误。比如彼得会哭得很伤心，接下来的几天里像惊弓之鸟，难以安抚。我坚信自己是唯一一个能稍微控制住他的人，唯一一个知道该怎样正确安慰或拥抱他的人，但我也没法儿给其他人写一份说明书。结果有一天，我感到前所未有的疲惫，无力感让我没有精力照顾孩子。无论我愿意与否，我都需要其他人来照顾我的孩子。我不由自主地失去了曾经紧紧攥在手里的控制权。

如今，控制对我来说没那么重要了，因为我知道控制会让我变得不自由。想要缓解频发的恐惧，我需要井井有条，只有一切严格按照我预想的计划发展时，我才不会恐惧。但可惜这个计划并不能控制所有人。我在力量耗尽的时候才不得不明白控制消耗了我过多的精力与能量。也许你也在自己身上看到了这一点。

或许你也渴望有一小片时间与空间只属于自己。想要短暂地逃避，不需要向任何人解释，因为他们都心领神会。你不一定总需要承担责任，但你又觉得如果自己不这样做，大家的生活都会变糟。果真如此吗？所有人都可以过得很好，只有你不可以吗？**将日常生活中的任务与责任分给大家自然也意味着要适应他人不同的做事风格**，这是一个艰难的学习过程。我们必须接受，爸爸有不同的刷牙方式，或者不同的读故事方式。我们要学会接受奶奶会在蛋糕里放很多糖，或叔叔开车很冒险。放弃控制也让我们有机会培养信任。这可能是一段很好的体验。当你的孩子第一次离开你和姑姑去游乐场玩了一下午，弄脏了脸却笑着回家，或是和邻居小孩踢足球，这些经历都是多么宝贵。你会发现还有其他人在乎你的孩子，你的孩子和他们在一起也能满足需求。

请相信，控制不是解决焦虑的好习惯，要学会放手，去寻找新的冒险之路。也许你还能学会笑着去洗掉新牛仔裤上的污渍。

对无聊的恐惧

对许多高敏感人群来说，无聊是最终极的惩罚。一个被设计用来不停接受、处理信息的大脑突然就……什么都不做？这不可能！是的，确实不可能。即使在你所谓什么都不做的时候，大脑仍在工作。它一刻不停地工作着、思考着、运转着、寻找任务，让你急躁不安。但你知道还有另一个词也适用于这种状态吗？没错，那就是创造力。当我们进入无所事事的状态，没有任何任务要处理，创造力就会诞生。

我们的大脑可以奇妙地利用空闲内存进行幻想、创造、产生新的想法。然而，这有一些前提。如果你坐在沙发上玩手机，严格来说并不是无聊的。虽然你的身体得到了休息，但你的大脑仍在充分运转。信息源源不断地涌入大脑，而在"休息"了一小时后，孩子们回来了，你却奇怪自己为何还是如此紧绷。害怕无聊的想法在我们内心根深蒂固，静止就是死亡。当我们无所事事、原地踏步时，身体就接收到了最高的警戒信号，再加上社会对于无所事事的看法极度负面，认为这是一种懒惰。所以每当孩子们离开家，你总觉得现在是晾衣服、擦浴室、处理文件的最好时机。也许你确实认为做这些事情可以放松。但事实上彻底什么都不做才是解决问题的全新视角。你觉得这不现实吗？你很难只是坐在角落里什么都不做吗？试一试吧，拿一杯茶坐在椅子或沙发上，对着窗户看外面的景色……然后就这样什么都不做，只是凝视一棵绿树或绿草坪，然后静静地感受这一切。

"该来的终会来"——停止对沉默的恐惧

冥想是我特别推荐给高敏感妈妈的一种练习，其次是渐进式肌肉放松法（PMR）。这两种方法是为高敏感人群量身定做的。因为冥想是对注意力和感知力的训练，结合有意识的呼吸，能让人进入平静安宁的状态。而肌肉放松法在给予大脑持续任务的同时，对身体要求非常低，这种任务既单调又轻松，自然地模糊了身体边界，带来深度放松。虽然有引导的冥想特别适合解决冲突、重新解构思维模式，但负担沉重的高敏感妈妈们往往会选择PMR。**原因很简单，她们恐惧绝对的寂静以及可能会突然出现的声响。**

因为当我们真正隔绝所有来自外界的刺激将自己彻底封闭起来时，仍有一个声音是躲不开的，即我们内心的声音。它会在我们关注自我内心时不可避免地跳出来。所有压在身上的任务、内疚感、内心批评和完美主义都来自我们头脑中的声音。它让我们对自己产生负面想法，不允许我们休息，同时要我们多年以来坚持走在同一条老路上，因为其他选择似乎都不合理，也不安全。

一旦你关闭思绪，回归平静，你就为直觉搭建了一个舞台。那些低调的想法、犹豫的冲动、胃部微小的翻腾都终于有机会登台。你本能地知道它们会带来某种特定的感觉。例如期待，也许是对一些尚不存在的事物的期待，或是你一直渴望的放松。当然你也知道，要再次告别刚刚那种体验是十分艰难的。

我自己每年都会经历一次。因为我每年都会庆祝从平安夜到主显节前夕的12个夜晚。在这几天中，我感觉自己置身于一个由魔法、咒语和香味组成的泡沫之中。我总会认真对待这段日子，写日记，用文字记录我的梦境，并与朋友交流、分享这美妙的时刻。对我来说，这是一年中最平静、神奇的时光，我可以借此充分补充能量。每次节日结束时我都会不由自主地失落好几天。因为生活总要继续，假期就此结束，我要再等一整年才能迎来下一次圣夜。每年的1月6日我都会感到难过，我为这段美好、珍贵的时光感到伤感。但我难道会不再庆祝吗？答案显而易见。因为我同时也在魔力与能量的陪伴下迎接了新的一年，受益良多。

在最初的静默体验中，你可能会遇到一些痛苦的认知与回忆。也许你会挖掘到自己努力深埋心底的东西。但请相信，静默展示给你的都是必要的。所以不要抗拒，不要因为害怕而逃离这个新生的机会。你的自我保护机制会确保你在静默中不会压力过大。很快你将感到治愈，你的肌肉、辛勤的大脑都会得到休息，这种感觉令人上瘾。

迎接改变

小池龙之介的《不思考的练习》一书深深影响了我的生活。在这本书中，这位专攻西方哲学的畅销书作家、年轻的日本僧侣带领我们开启了一段学习认识自己、认识自己的外在与内心的旅程。读这本书就像在照一面仁慈的镜子，让你借此反思自己。它邀请你停下脚步，暂停下来，静下心来，学会放手，从而激发你不断前进与创造。

　　作者在"一种名为思考的疾病，思考如何令人愚昧"一章中写到，思考这一行为占据了我们大部分的精力，也抑制了大脑的其他功能。我们的意识在"思考中封闭起来"，其他信息也难以走进自己的内心。

"'……我们越是杂乱无章，被思绪占据的头脑和精力就越多。'小池龙之介举例说：'如果我们和朋友手牵手去散步，我们会产生一种身体上的互动，即感知到对方握着自己的手。但是如果这时我们开始思考别的事，这种感知就会消失，甚至根本不会出现。一个人在想自己的工作，而一个人可能在想另一个人。在那一刻，虽然我们彼此触碰，但我们不在一起。'"

　　这一段让我深受触动，因为我意识到和孩子在一起时，我总会出现这种情况。我牵着他们的手在公园里散步，心思却不在那里，而是在反思日常生活中自己出现的失误。我不停地纠结于自己的错误、反复检查购物清单。我的恐惧与担忧在脑海中四处乱撞，愤怒也渐渐攀升。**孩子给我展示一朵花，我说："很漂亮！"但实际上我并没有**

看，我完全"困在"自己的思维、反思和控制中，没有让自己去体验并感受当下的生活，更没有随着这两个小生命自由驰骋。 他们其实无限地丰富了我的生活。

当我意识到这一点时，第一反应不是解脱，而是内疚。对于高敏感母亲来说，这种内疚常常出现，而且非常强烈。内在批评者会抓住每一个机会大声指责我做得不够好、不够对，随之而来的还有我的悲伤与愤怒。

高敏感人群的特点之一是很容易自我封闭。我们不需刻意努力，思绪和情感就会以惊人的速度失控膨胀。即使我们想要改变现状，也可能是同样的结果。因为在寻找解决办法来对抗这些思绪的过程中，我们恰恰在不停地思考，因而陷入了一个恶性循环。但这个循环可以被打破，虽然可行的办法并不多，但其中有一个办法绝对行之有效。**那就是停下来，而且要立刻停下来。** 这就好像是坐旋转木马，当你感到头晕目眩需要休息，想要停下来时，那你就必须勇敢地把脚伸出来踩刹车。要明白，你并不是无助地被自己的性格牵着走，也不必纠结于自己永远改不掉想太多的毛病，何况这不是事实。你可以给自己一个休息、享受、感受当下的机会，无论何时，每一刻都可以。

内疚感会削弱你在旅途中所需要的能量，所以要坚信你有机会，你可以抓住并利用它追求自己渴望的东西。在与家人共度日常生活时保持从容，感受每一刻的美好，摆脱恐惧、压力和紧张。日积月累持续的负担与紧张无疑是让你内心常常感到被追逐的根本原因，让你无法享受与孩了在一起的时光。但你可以采取措施来减轻压力，第一步就是把你的高敏感和激烈活动的大脑转化为机会，再次掌握控制权，学会留在当下的时刻，而不是反复斟酌所有的可能性。

要真正应对你的压力，就必须认识到你的压力来自哪里。 现在重新回顾你的压力水平测试，它们能提供一些线索。你早上醒来的第一个念头可以很好地体现大脑在关注什么。例如，如果你早上的第一个念头是想要继续睡觉，那么就是对疲劳、睡眠不足的暗示。是的，你可能会笑，但实际上就是这么简单。你可能觉得对现状无能为力，脑子里还想着孩子需要起夜喂奶，夜里经常惊醒或是晚上11点才会上床睡觉……那么回到本章的开头，不要沉浸在对寻找解决之道的思考中，你只需要感受此刻，一点儿不多，一点儿不少。

也许你早上醒来的第一个念头是工作和任务。曾经有段时间，我一睁眼满脑子就是今天要写的电子邮件，我意识到自己已经超负荷了。但你的第一个念头也可能是令人愉快的事，也可能是不会占用你太多时间或很快可以忘记的事。比如你的孩子马上要过来和你依偎，或者你急需上厕所。这些积极或中立的念头至少可以说明你并没有处于慢性压力状态，所以不必担心。相信我，如果你早上第一个产生的是有负担的念头，你就会进入紧张状态，你一定能够注意到它的存在。

练习：做梦的日子

花点时间回想一下回溯日（见"练习：你处于压力之中吗"）的体验如何。拿起一张纸，用最绚烂缤纷的颜色描述一下你的梦想日是什么样的。尽情想象，无论是时间、金钱、能力还是需求，没有任何限制。你可以做任何事，实现任何愿望。不过有一个规则：不能有消极的批评声音！在你的想象中不要给自己设限，没有任何人或任何事可以限制你。

如果你愿意，可以详细制定一个计划。这是属于你的一天，没有人可以阻挠。在练习中，即使计划超过了24小时也没有关系。不要设限！

当紧急程序启动时

很重要的一点是，当我们处于一种类似紧急情况的应急状态时，我们的机体只能维持生存，顾不上其他。我们放弃了梦想和幻想，因为没有足够的精力支持。某些时候，幻想也会偷偷潜入我们的意识。安静地陪着孩子在游乐场玩耍时，你会短暂地渴望去海滩度假。但下一秒一个理性的念头跳出来告诉你不可以。因为养孩子的钱很紧张、孩子还太小，或是在寒暑假度假太贵了，等等。无论如何，你的大脑总会找到理由，让你不要在紧张的状态中浪费太多精力去考虑梦想这样无意义、难实现的事。但你必须回到那些时刻，因为那才是你的力量源泉。用每一个细胞去领悟感受。你天生就会聆听音乐，不仅仅是用耳朵。音符可以在你的整个身体流动，让你舞蹈起来。闭上眼睛，张开双臂，沉浸在当下。你应该感受生活，感受它的激情、感性和肾上腺素飙升的感觉。但如果你长时间处于紧张状态，感性就退场了。你的头脑，即理性思维就占了上风，你也逐渐失去了乐趣。这很好解释，因为你没有发挥出自己的力量，没有遵循自己的使命，没有做自己应该做的事情。你把自己包裹在思考、担忧和恐惧之中，难怪你会感到痛苦无助。在如此紧张疲惫的状态下，你甚至没有权利去做梦。但事实恰恰相反。

因此，要想真正消除压力，你需要先找到它、面对它，然后停止滋养它。重新开始梦想，将你的力量引导至那些能释放爱、能量和精力的高敏感区域，而乱糟糟的厨房就随它去吧。别再为内疚感所困扰，因为现在你知道它只是内心批评者的声音，让你不停地怀疑自己。**你周围的人或事，或者那些你以为必须满足的人或事也许都不是你的力量来源，反而削弱了你。**

▶ 好妈妈需要高敏感

> "在生活中寻找可以增强你的能量、为你加油的领域,尽可能久地留在那里。"

当你悲伤、愤怒、紧张、无助、疲惫或力竭的时候,怎么做才能帮你?你希望在生活中主要感受哪些感觉?你的内心隐藏着怎样的渴望?什么是你已经很久没有感受过,但曾经觉得无比美妙的?你需要怎么做才能再次感受容光焕发?

看看你的梦想日笔记,检查自己是否回答了这些问题。如果是,那就太好了。把这一天的计划挂在显眼的地方,然后下定决心去试一试。如果没有这些答案,就闭上眼睛静静地想一想。你需要增添什么内容才能进入自己的力量场?

> "在你的脑海和心中创造一种让自己满足的生活,让自己感到惊喜与幸福的生活。"

现在行程已经制定,计划已经启动,你只需要开始行动。

提升自我评价

吵闹的内心批评者可能让你长期处于情绪赤字状态。然而，它之所以可以对你产生如此大的影响，是因为你的高敏感性和自我感知。而这两者都是你可以积极引导的。

提升自我评价对于母亲来说尤为重要，我衷心地希望你每天都可以努力做到。让我们一起设想一下，你的孩子已经 25 岁了，在一个阳光明媚的周日午后来找你喝咖啡。闭上眼睛，想象你长大成人的孩子长什么样？有多高？他是一个人来还是和别人一起来？如果你的孩子已经成年，甚至不止 25 岁，甚至都有了自己的孩子，那么就想象一下他在阳光明媚的午后来找你喝咖啡的场景。多想一会儿，让自己完全沉浸在这段白日梦之中。

现在，除了想象孩子的长相与声音之外，还要设想一下他变成了什么样的人，他的人生目标是什么，他还有哪些目标尚未实现。构想一个对话或场景帮助你结合现实与想象。然后思考最核心的问题：我的孩子拥有怎样的价值观？他对自己、家庭和世界有何关注？试想你所有的教育目标都完美实现了，一切都非常顺利，你也尽力做到了最好。

如果你愿意，可以把所有想到的内容都写下来。我很鼓励来咨询的女性做这样的练习。当我问她们希望自己的孩子长大之后做什么，答案通常非常相似。她们的愿望里大多有"自信""成功""爱""安全""自由"，当然也有"守矩""不拘小节"或"强大"。但我从未见过哪个母亲（或父亲）为孩子许下糟糕的愿望。不，做父母的希望孩子一生充满爱、幸福、健康、满足和自我价值。没错，我们希望孩子知道自己的美好与价值，希望他们知道自己很好，因为他们就是如此美好。

因此，我相信你希望孩子拥有多姿多彩的美好生活，希望他们成年之后仍能拥有高尚的价值观。这种价值观不仅与物质世界或个人成就有关，更与个人的内心世界有关。

正如我们做父母的都希望孩子能够珍视自己、善待自己，选择一份热爱的工作，而不是迫于生计的工作，选择一个深爱的伴侣结婚，善待他人、尊重他人。因此，我们更应该从自身做起。

接下来，我希望你再次想象孩子已经成年的场景，但这一次他在过去的 25 年中一直目睹着你总是在为自己找借口，不肯照顾自己。你为什么要说自己自私，觉得自己不应该幸福，而且永远不肯把家庭生活的控制权分享给其他人。现在这个成年孩子与你之前幻想的还是同一个人吗？再想象当他们也有了孩子，为人父母，但活得筋疲力尽。你的孩子得不到休息，而当你提出想要帮忙时，他却坚决拒绝。你告诉他不要继续一个人硬撑了，但他不听。你多么希望能帮上忙，但却无能为力。

第四章 | 如何应对压力

当你**眼睁睁**看着孩子在做父母的过程中耗尽自己却什么都帮不上时,你希望做什么?你会怎么做?

我知道你现在可能开始内疚了,这不是我的本意。我描述这些并非想说,如果孩子未来变成这样都是你的错。我想表达的是,现在你还有机会向孩子证明,为自己的健康着想是多么重要。这也适用于你,当你把自己贬低到不重要的位置、不断自我牺牲时,孩子也一如既往地在一旁学习。

此刻,就在今时今日,或许孩子并不在意你的疲惫与力竭,也许你觉得这样孩子会学习做一个关爱他人的父母。你可能是对的,但也有可能当他做父母时,他的内心开始说不要去做瑜伽,可能会有危险,可能不合适,可能这是错误的。如果你可以将自爱和自我关怀巧妙地融入日常生活,你的孩子看到的也不会是一个自私的母亲,而是一个能够认识到自我价值、珍惜自己、愿意照顾自己的母亲。即使只是出于对孩子的爱,你也应该这样做。

学会照顾自己的需求可能是你需要迈过的一道坎儿。也许你早就想这么做了,但是你不敢。或者你觉得没有空闲时间可以留给自己。那么就重新安排一下一周的计划吧,为自己留出一点儿时间,即使改变计划是个大工程。这些都可以成为你迟迟不行动的理由,所以让我们先假装这些理由都不存在,从你的自我评价训练开始着手。

练习：自我肯定

现在，请拿起一张纸并写下一个愿望。可以是"我想定期去蒸桑拿"，也可以是"我想认真对待自己的感受"，更可以是"我想无忧无虑地生活"。同样给自己几秒钟或几分钟来思考自己真正最想要的是什么。然后写在这张 A4 纸的最上面。

然后，在这个愿望下面画一条线，想想你需要哪些条件来实现愿望。可以是需要接受他人的帮助，或需要伴侣每周提前回家一天。涉及金钱和时间的条件并不适用，因为它们是客观条件，而我们希望关注的是内心。如果你觉得缺少时间，那就想一想与之相关的条件。当我们说没时间时，其实是没有给自己留出时间。那么相关条件就是要学会给自己留时间，认识到自己也很重要。写下你能想到的所有条件，聚焦自己的能量，不要让思维分散注意力，因为它时常出来捣乱，我们要学会控制它。

当你认为写下的条件足够多时，再画一条线。现在你的愿望和相关条件相结合了。为了达成这些条件，你必须相信它们是可以达到的。正面的肯定语句可以帮助你。

我们可以设法摆脱消极的想法，建立积极的人生观，这不仅能改善我们的心态，还能增强我们的韧性。你可以大声说出肯定语句，也可以时不时地想一想，还可以与某个特定仪式或时刻联系起来。你可以在冥想或刷牙时在脑海中默念。无论以何种方式,重要的都是去做,给它们一个机会。你会看到改变内心的声音将如何为你带来自信与平静。它像是你随身携带的一个锚,给予你信心与信念。请用第一人称来造肯定语句,就好像在描述发生过的事一样。这意味着你不再只是简单地写下纸上的条件,而是用它们来肯定自己。例如你写下了"信任",希望自己不再生活在恐惧之中,那么现在就为自己造一个肯定句,假设前提已经是事实了。举例来说可以是类似"我信任自己和周围的人"的句子。

一些肯定句范例:

我能感受自己。

我珍视自己。

我是有价值的。

我尊重自己。

我有足够的能力。

我已经很好了。

我拥有自己需要的一切。

我爱生活,生活也爱我。

我相信自己。

我相信我能和生活和谐共处。

我值得。

我允许自己花时间自我陪伴,找到内心的平静。

我与自己在一起。

我的内心十分自在。

> 好妈妈需要高敏感

我的生活很美满。

我可以放手,可以信任别人。

我被爱着,被支持着,被保护着。

我有力量。

我认真筛选自己的想法。

我胸有成竹。

我充满勇气和自信。

我是生活的创造者。

我心怀感激。

我是幸福的。

我拥抱生活。

我能离开那些削弱我力量的事物。

当然例子还有很多,写下一个你愿意相信的肯定句。如果以上没有你想要的,就发挥你的创造力,写下与你最初愿望贴近的句子。最重要的是你要相信它,这是一切的基础。如果你不相信自己写下的句子,那么就换一句话。例如你可能很难说服自己"我现在已经很好了",那么就改成"我现在还不错"。这不是在降低斗志,而是在寻找能让自己接受的描述。

重要的是不要在句子中包含"不"这类消极的词语。不断调整你的肯定语句,直到它说进你的心坎里,让你觉得这就是那句话了。当你念出它时不再觉得可笑,你就找到了正确的肯定语句。你甚至会"爱上"这句话。

在你找到或写下的肯定句周围画个圈,然后想想接下来的几周里你希望它如何帮助你。有很多可能的做法：

- 把你的肯定语句写在镜子上，每天照几次镜子，每次都对着镜子念一遍。
- 每当你有负面想法时，就对自己默念一遍。
- 接满一杯水，在小纸条上写下你的句子，并把水杯压在纸条上。每喝一口水，就默念一遍。
- 把你的肯定句写下来放进裤子口袋里，每天至少念十遍。每念一遍，就把纸条翻个面。
- 在口袋里放十颗豆子，每念一遍，就拿出一颗豆子放进另一个口袋。傍晚的时候，十颗豆子应该已经都移到了另一侧口袋。
- 把你的肯定语句写在几张小便利贴上，然后贴在家里的各个角落。每当你看见一张，就停顿片刻，慢慢地读一遍，再默念一遍。
- 如果你习惯冥想，在接下来几周的冥想之中都默念这句话。

怎么做都可以。无论何时，只要你在日常生活中找到一个空隙，想要念一念这句话，做就行了。不停地重复它，大声念或是默念都可以，至少要持续两周。闭上眼睛沉思片刻，让你的意识流淌至身体的各个部位。你可以向自己证明这段时间花得值得。几周后你会发现迎来了一个巨大的改变，也就是你会夸奖自己了。仅仅这一点就能改变你的自我评价。

> 它还有一个奇妙的作用，就是可以在一天当中的许多瞬间帮你减轻一些压力。

通过这个练习，你可以学会改变自己的心态，从而迈出积极管理压力的第一步。作为一个高敏感母亲，你很需要进行压力管理。

积极的压力管理

正如上文所述，压力荷尔蒙很难自动减少，只能人为干预，例如通过运动健身。但是这是一种预防措施，**不能在已经精疲力竭的时候才开始锻炼**。通过体育运动，你可以帮助自己排出肾上腺素和皮质醇，在运动中释放消耗它们。压力荷尔蒙的产生机制可以追溯到人体边缘系统成形的时期，也就是说它非常原始。**我们的祖先会在战斗或奔跑时直接减少压力荷尔蒙，所以不会像今天的我们一样常因压力而生病**。总的来说，那时人类所需的体力活动强度要大得多。每周要走数公里的路，需要更多的体力来寻找食材、建造住所。而我们日常出行总是靠开车，在户外的活动越来越少，也不再需要近身战斗。简言之，我们产生了同样的激素反应，感受到了同样的压力，但难以主动释放压力。

运动，尤其是在郊外这样空气清新的环境中运动可以在一定程度上缓解高度敏感的大脑。定期上体育课可以帮你克服内心的障碍，但也可能成为一种新的负担。因此请仔细斟酌，**你是适合长期在健身房里锻炼，还是可以从傍晚的散步开始。**

你肯定很清楚我们只能主动减压，压力自己不会被动消除。有可能你经常和孩子一起午睡，但仍然感到疲惫忙碌。因为睡眠和减压并不是一回事儿。睡眠能极大地帮你消除身体上的疲惫，但不能带来内心的宁静与放松。在情绪低落、认知乏力或精神疲惫时，精神类的放松技巧更适合你。正念冥想、瑜伽、气功，甚至是亲子活动都对身体有镇静作用。**但自我暗示训练可能会适得其反**，因为它会放大你的想象力，可能会导致大脑超负荷运转，因刺激过度反而难以放松。

当你在所有层面（精神、身体和情绪）都达到平衡时，你就会放松。这就是上述方法都至少针对其中一个层面的原因。你首先需要找到自己的压力来自哪方面。例如，如果你的身体负担很重（例如产后恢复不久，伤口仍在作痛，或是每天都要抱孩子好几个小时），你可能会选择精神层面的训练，而非身体层面。这是合乎逻辑的，因为过度刺激会造成压力，而不是放松。为了达到效果，我们需要转移自己的意识，将紧张的身体压力转移到心理或情感层面。当然，高敏感的人很可能在心理或情感上受到很大的挑战,那么在身体层面上的放松就很有意义。例如瑜伽、气功、运动、散步或者渐进式肌肉放松法。

无论你选择哪一种方法,无论哪种方法对你最有效,我们的目标始终不变,即让大脑适应这种方法。通过这样有针对性的练习,坚持一段时间后,你就能为自己找到一种适合日常生活的训练,让你获得短暂的平静与休息。一旦你找到了适合自己的方法,每天几分钟的积累最终会帮助你收获内心的宁静。

第五章
划清边界，守护边界

高敏感性经常被误认为信息筛选异常或筛选障碍。但我认为这种指控是不公平的。因为高敏感性不仅是一种性格，而且夹杂着多种多样的感受。它通过影响认知、情感和肢体等层面影响着我们的思维、行为和感官。因此，武断地讲这是一种错误的、不完整的筛选机制则是片面的。事实上，每个人都有自己的筛选器，我们都用自己的视角在观察世界，有自己看待世界的独特方式。所以问题不在于是否应该筛选，而在于应该如何筛选。

高敏感的母亲整日都面临着不同的干扰，干扰不仅来自周围环境，同时也来自她们内心的潜意识。后者发生在我们完全无意识的情况下，并且会对我们的心情和情绪产生很大的影响。因此，我们在反思自己的情绪时往往会忽视它们，而它们却扮演着至关重要的角色。**即将生病（即使只是一场感冒）、荷尔蒙或新陈代谢的变化、天气的变化、满月或任何其他变化都可能导致我们在不知不觉中感受到过度的压力。**此外，周围环境也会带来不同的刺激，例如兄弟姐妹之间的冲突、玩耍嬉戏的喧闹、一天中被问上万个"为什么"、孩子需要陪伴、社交、医生预约等。想要避开所有的刺激，哪怕只是避开其中一部分都并不容易。更糟糕的时候，我们不得不以牺牲孩子的利益为代价。例如，我们不得不让他们退出心爱的体育俱乐部，因为我们负担不起了。

然而学会找到边界可以极大地缓解这种情况。这种边界可以是向外的，学会对那些不利于我们的事情说"不"；也可以是向内的，仔细观察自我的内心来评估我们是否能完成当前的任务、迎接新的一天或面对当前的挑战。

高敏感人群的边界问题

你可能已经在生活中经历过、忍受过让你痛苦的情景。也许你也吃一堑长一智，决定以后避免这些情况。但更糟的可能是，你一次又一次地陷入同样的场景，也许是因为你认为只有克服了这些困难，压力才会变小；也许是你认为无处可逃。比如说，你知道自己对噪声很敏感，但家中有三个孩子，他们会不停地活动、嬉笑、打闹、唱歌、大喊大叫。你知道自己已经因为工作和照顾孩子身心俱疲，但你不能离开。或者你总是与孩子们发生相同的争执，但找不到解决办法。

以上的每件事都涉及边界的问题，可能是你的边界，别人的边界，也可能是自然边界。而这些边界并非一成不变，你面对它们时总会有些许抗拒，但抗拒的源头不是单一的。你只知道在孩子出生之前，自己从不需要考虑边界的问题。也许你考虑过，也许没有，但边界对你来说从来不是一件重要的事。可是现在因为孩子、个人成长或自我的问题，你总能在生活的方方面面听到"边界"这个词。有人说孩子会挑战你的边界，有人说你必须划清边界。哪些说法属实，哪些适用于你，经常让人很迷茫。但有一点你需要清楚，那就是你的边界很重要，与你的性格、喜好与厌恶一样都是你的一部分。

划界与共情

很多日常难题与挑战都可以通过健康有力地划清边界来解决。遗憾的是，并非所有人都天生具备这种能力，有些人实际上很难做到。就像你无法屏蔽谈话和刺激一样，**你可能也很难抵御负能量、批评、坏情绪或负面氛围的影响**。

对于你来说，**高度的共情能力带来了额外的挑战**。高敏感的人会全方位地关注周围，将他人的情感、思想和愿望纳入自己的考量之中，仔细权衡，回避冲突和对话，并避免对他人造成任何可能的伤害。他们宁愿永远切断联系，也不愿一次又一次地让别人陷入不适的境地。

在大脑中，镜像神经元主要负责共情、感知他人、触发同情心。每个人都有镜像神经元，因此人与人之间拥有互相理解的直觉，与语言和交流相去甚远。没有这种神经元，人们之间就不可能产生共鸣和直觉，也就不可能产生我们所说的信任。镜像神经元可以在瞬间发挥作用，绕过分析、构建和计算，促进人际关系的快速协调与适应，实现所谓的"预感"理解。从整体上看，参与反射的神经元创造了一个"社会共鸣空间"，可以传递双方的刺激、面部表情和情绪线索。这种评估的基础是观察他人一系列的行动，就像猴子实验中证明的一样。如果观察到了一个动作，大脑就会形成一个神经元通路并储存这个记忆。"第一次"往往是记忆最深刻的，一旦这个印象被储存，当有相关动作出现时，运动神经元就会启动，同时感觉神经元（负责身体感觉）就会触发身体作出反应或表现某种情绪。换句话说，当我们在执行或观察一个动作时，大脑总会有所反应。镜像神经元在我们体内调节着行动准备，它的作用至关重要。高敏感人群的镜像神经元尤为敏感，因此他们的预感格外强烈，对事物可以精细权衡，也能强烈地感同身受。我们能够凭直觉体会他人的感受，因为当我们执行或体验类似的动作时，我们身体内相同的神经元也会被触发。**这就是我们所谓的共情。**科学家们也把这称为"神经生物学共鸣"，并在 2001 年的一系列研究中证实。试验中，一人的指尖先被针刺伤，另一人观察，然后两人交换。通过核磁共振成像发现，新观察者的边缘系统中出现了被刺时相同的神经元。当我们爱一个人、亲近一个人或经常和他在一起，内心就会激发一系列的行动和感觉，并由此形成一个"内在表达"。**镜像神经元最重要的任务之一就是区分"自我"和"非我"**。例如在恋爱状态下，镜像神经元的控制机制有时会失灵，这在亲子关系中也很常见。我们的情绪和感觉混合在一起，难以分清自我和孩子。高敏感孩子的高敏感父母尤其熟悉这一现象，他们时常问自己："到底什么是我的，什么又是孩子的？"

共情是一种可贵的天赋，我们的世界和社会迫切需要它。**但它同时也是干扰你坚守个人边界的最大因素。因为它总是对外的**，保护着你周围的人和动物，而保护自己、设立个人边界也同样重要。因此你的任务不仅是找出自己对痛苦和挫折的承受极限，还要权衡**自己的同理心应该止于何处才能保护自己不被反噬**。我想通过一个例子来解释其中的联系。

因为各种各样的原因，我们人类有时会保守一些秘密。我们骗孩子世界上有圣诞老人或圣诞天使；有时随口回答别人问的"你好吗"，而不会说出难过的现实；当我们不想继续哺乳时，会说自己进入歇奶期了；有时我们会隐瞒一些小细节，因为我们认为它们不重要或者不体面。我们有时为了礼貌起见会学会适应、不表达自己的意见，或当自己是那个唯一有不同意见的人时保持沉默。我们做这些事情不是为了操纵或伤害别人，更不用说故意撒谎了。通常我们是出于同情和体谅才这样做。当面包店店员问我

▶ 好妈妈需要高敏感

们"你好吗"时,我们选择说自己很好,因为我们知道如果坦白自己正处于崩溃的边缘会让她很尴尬。那样的话她该怎么办呢?下一个顾客正在等待,这个场景之下的她无能为力。这些小谎言背后没有恶意的动机,只是单纯的保护——保护自己和他人不陷入尴尬的境地。

同样的情况也可能发生在谈话中。例如,对方可能因为肚子饿或是时间紧迫开始走神,他虽然会努力继续专注地听,不想显得不礼貌,但时间和其他因素带来的压力却让他倍感焦虑。压力荷尔蒙会因此传遍全身,人也因此进入紧张状态。同时,他因为担心自己做出不礼貌的行为感到更多的压力——而像你一样敏感的人会感知到这一点。因为你的大脑在不断读取所有获得的信息,包括不断变化的肢体语言和面部表情,然后发出信号:"这里有些不对劲!"虽然到目前为止你们的谈话都很愉快,但你却感知到了对方想要结束对话的冲动,而你完全不知道因为什么。

你仍然感到受伤。为什么对方会表现得如此奇怪?为什么他突然想要结束对话?为什么局势突变?几个简单的"为什么"让你陷入困惑,开始在大脑中反复思考。你本该接受并放下,不应往自己身上联想。但相反,**你开始想是不是自己做错了什么**。一瞬间,一个可能完全没有问题的场景变成了一连串的质疑,像箭头一样钻进你的脑海中:"他误解了我的意思吗?我表达有误吗?我应该换种说法。我伤害到他了。我冒犯了他。我没有仔细观察。我应该更加体贴。还是我问太多问题了?他现在还喜欢我吗？他肯定不会再打电话找我了……我再也不应该来这个地方了……"

旋转木马已经启动，一圈又一圈地旋转。现在让我们设想一下如果这个场景涉及你的孩子。大家本在平静地玩游戏，但你的孩子突然打了另一个孩子的头，因为他不想分享自己的铲子。另一个孩子哭了，你做出了反应，赶快安慰并道歉，同时也察觉到了那个孩子的妈妈身上的压力。但是压力并不意味着她不喜欢你们或认为你们有罪。压力只意味着她的大脑现在正处于紧急情况中，释放出了她需要快速有效应对的激素。当然，她如果觉得不爽也是她的权利。现在也许不是讨论这个冲突的好时机，等到激素褪去、心情平复可能会更好。但在此之前，你的思绪已经旋转了几个小时，你坚信做什么都无济于事，你们可能再也无法见面了。

找到共情与自我内心边界的平衡是一门高级技艺。毕竟你绝不希望自己成为一个对他人情绪漠不关心的人。学会准确判断何时需要哪种能力很重要，**这也能确保你在共情他人时还能保持自我**。你有能力学会划清个人界限的同时仍能共情他人。

> "因为'感受'不等于'受苦'！"

你可以无限地安慰、关爱孩子，但仍能说"不"。你可以学会拒绝孩子、禁止一些行为、不满足他们的愿望，但仍和他们在一起并感受他们的悲伤，这甚至对你们都有好处。

保护心灵、避免恶言恶语在头脑中回荡的第一步就是建立对外界的健康边界，保护自己不受外界观点的伤害。

练习：找到自己的边界

拿一支笔和一张纸，找一个安静的地方，给你的大脑一点儿时间。你的身体已经坐好了，但你的心或许还在别处。平静均匀地呼吸，如果你喜欢，也可以做几个深呼吸。看看窗外的天空和树木，让自己开始进入思考状态。不过你只需要坐在这里，不需要做其他的事。

现在想想让自己痛苦的事情。以下问题可能会对你的练习有帮助：

- 自己或他人的哪些特质、态度或性格特点会让你抓狂？
- 你不喜欢做什么？
- 在日常生活中，哪些事情可以被剔除？
- 你不喜欢自己孩子、伴侣或身边其他人身上的什么？
- 哪些事情是因为觉得自己不得不做才去做的？
- 在教育孩子和陪伴孩子的过程中，哪些事情对你来说是没有商量余地的？

- 你白天的时间大部分都花在哪里？你喜欢吗？
- 什么会让你感到忧虑、沉重或消极？
- 你在什么时候很想哭？
- 什么时候会觉得"受不了了"，觉得太吵、太亮、太暗或太安静？

写下让你无法忍受的外部刺激，例如嘈杂的噪声、客厅生锈的门发出的吱呀声、汽车的异味。把所有想到的都写下来。也许会突然点燃了你的写作热情，然后一发不可收。如果你喜欢，也可以画出来，做思维导图或者一个大的愿景板。用颜色挥洒你的创意，花多少时间都可以。

当你把所有让自己烦恼焦虑的事情都写下来后，从椅子上站起来，绕着房间走一圈，喝一杯水，深呼吸一下，然后再坐回椅子上。现在把纸翻到背面或拿一张新的纸。在这个练习的第二部分中，你需要考虑一下自己最大的优点是什么。自由地思考，不要限制自己。想一想你特别擅长什么、你是什么样的人，或者其他人可能会怎么评价你。你是否认同他们的观点？你认为自己和评价相符、更好还是更差？把你想到的所有优点都写下来。

- 你特别喜欢做什么？
- 你对什么充满热情？
- 你还想去哪里旅行？
- 有哪些日常事务是你能轻松应对的？
- 什么对你来说是重要的？
- 你的心向什么敞开？快乐？生活？

●什么时候的你可以真实地面对自己和自己的感受？

同样，你可以发挥创意，画画、涂鸦、拼贴。无论你现在需要什么，做就是了。重要的是开始，然后给自己足够的时间。你的优点一定会浮现出来。

如果你觉得已经写下或画下了足够多的优点，那就再站起来绕着房间走一圈。喝一口水，然后深呼吸。

建立自己的庇护所

现在你的面前摆着一张大纸，正反面写着组成你的元素。不仅有你积极的一方面，也有你消极的一方面。两部分你都能看见，两部分都有存在的道理。这并不是无用功！

现在你可以选择通过一些有针对性的简单措施来消除"负面"的事物（例如"汽车的异味" ＝"洗车"）。写一张额外的清单贴在冰箱上，或者暂时放到一边，这取决于事情有多急迫。不急迫的就先画掉，也不要再继续关注，把注意力集中在仍留在清单里的事上。

恭喜你，你已经找到了一些个人边界，并将它们归入了自己的生活。它们存在于你的意识之中，并且让你知道自己难以忍受哪些事。因此它们构成了你接受范围的上限和下限，而这正是需要保护的边界。你不需要让自己习惯那些难以忍受的事物，或者抛弃自己喜欢的事物。如果咯吱作响的门让你火冒三丈，为什么不去处理呢？如果你无法忍受孩子玩马桶刷，为什么不去阻止呢？说"不"并不是问题！只有你发自内心地表达时，它才是最真实的。**"不行"不会变成"行"，不要为了避免冲突就纵容别人。你和他们一样重要！**在你的边界之内有你的保护区、你的舒适区，而跨出边界意味着你会一次又一次地离开这些区域。这也是不可避免的，因为生活、成长和冒险都处于我们的边界之外。**但为了发挥出自己真正的力量，我们必须一次又一次地回到这里。**是的，为了个人成长，**有时我们必须走出边界，短暂地离开我们的保护区。**但这是出于对边界的认识与尊重，而非忽视。

例如，为了消除自己的恐惧，把孩子一周45小时送去幼儿园并无益处。这种"成就"并不会让你轻而易举地离开庇护所，走向外面的世界，反而会直接让你陷入恐慌。然而你不想时时刻刻看着孩子，因此不能完全放弃这个方案。你想要把责任分担出去没有错，你有恐惧也没有错，这一切都是合理的，没有人有权利对你指指点点。**你知道自己的需求，也知道孩子离开自己去别的地方的时候会触碰自己的边界，甚至越界。**问题的关键是要把他人的意见（"振作一点儿，不会那么糟糕的"）和外界的影响隔绝，认识到自己的需要（"我需要时间和孩子独处"），并在尊重自己边界的前提下寻找解决方案（"我不想一整天都离开孩子"）。

例如，你可以考虑让孩子先在自己信任的家人那里一周待上一小时。这时，你需要迈出自己的边界，即面对你的恐惧，这会让你们共同成长。你有机会学习如何在需求、边界和外部环境之间建立健康的界限，这会对你影响深远，帮你建立信任。**你可以带着这些积极的经验回到舒适区，储存新获得的资源**，并学会在未来的生活中运用类似的方法。

从生活中获得的经验与认识教我们学会了应对困难、克服困难，并得到宝贵经验，就像是收集到了宝藏之后带回自己的保护区。在这个保护区里，我们蓄积力量，储存经验，培养应对危机的能力。

现在，你了解了自己的边界，也就可以保护自己的边界了。

核心问题——易反应过激

作为一名母亲，你不仅每天都面临着不同的外界刺激（甚至从睁眼醒来前就开始），而且感到内心被时间压力、截止日期、义务任务、被监视感（被自己的母亲、公婆或老师所监视）刺激和影响，仅仅是在短时间内要完成诸多任务也会给人很大刺激。你的生活和年纪还小的孩子要求你扮演许多角色，做许多事情。作为抗压能力教练的安妮卡（Annika）曾听许多母亲说过这种超负荷的工作为自己带来了多大的负担：

第五章 | 划清边界，守护边界

"女性与男性一样能胜任一切。理论上，她们在职业和家庭生活中享有同等的权利和机会。然而这种'能力'往往变成了'义务'，导致许多女性都为工作和家庭生活献出一切，试图符合'我能做到一切'的刻板印象。她们抽出时间工作，事实上工作量与之前全职时几乎一样多，但现在只能得到部分报酬。她们在会议上表现出色，自信、有能力、能言善辩、十分可靠。她们高效地完成一切（不要忘记她们还背负着负罪感），在最后一刻才离开办公室，然后匆忙去接孩子。下午，她们专注地陪孩子玩耍、运动或参加活动。一周中的某个时间里，她们还设法为自己安排一些运动，同时'维持伴侣关系'。而我们的努力永远缺乏认可和肯定，这是对我们自尊心的一种持续攻击。家庭工作根本得不到报酬。对许多高敏感的人来说，承认她们的努力并'奖励'她们十分重要。她们已经对自己的表现十分挑剔，所以就更需要外部反馈（无论是物质还是非物质上的）帮助她们正视自己。因此，高敏感人群总会因'更多的工作/努力/疲劳=更少的回报'的现状受到双重打击。"

▶ 好妈妈需要高敏感

当你受到过度刺激、快要崩溃的时候,那种感觉不是一点点逼近的。不,它不会敲门,只会排山倒海般地冲开大门,占领一切。正如我们在有关"高敏感大脑"的内容中讨论的,**你会直接切换到一个紧急程序,突然崩溃**。能够接收周围一切信号本是你的特殊天赋,但现在突然响起了警报。你没有心理准备,也没有办法思考到底发生了什么。

如果形象地想象高敏感大脑受到的过度刺激,可以将其比作一个刻有三个颜色区域的标尺,这三个区域分别是绿色、黄色和红色。**最下方的绿色区域代表能够良好地处理输入刺激的区域**。挑战、干扰、噪声和其他刺激能够通过良好的自我调节适度涌入高敏感大脑时,标尺会指向这个区域。如果缺乏休息时间,没有减压、弱化刺激的机会,标尺会保持在这个高度,当有更多刺激时会上升。**中间的黄色区域代表难以将自己与外部刺激分开**,不能整理好自己的情绪与想法,慢慢开始出现躯体反应。例如,我的表现是脉搏与呼吸加快,体温升高,开始出汗。而这种燥热会让我更加紧张、更加不舒服。

科学研究将影响人的因素分为外源性和内源性两种。我们已经了解了**外源性因素**有:环境中的噪声、气味、光线、突然出现的声音,以及来自外部的义务、压力或人群带来的不必要的亲密接触,还有被迫感知他人的情绪或是在短时间内处理过多信号(如街头游行、圣诞集市或主题公园)。当然也包括作为父母每天要整理的混乱房间。

内源性因素则描述了我们内心会受到的影响。例如，2016 年一项关于儿童教育和（儿童）性格关联的研究发现，童年经历对高敏感人群有着特别强烈的影响。内心未被满足的需求也会对我们产生重要影响。你肯定有过类似的感受——**在一个失眠的长夜之后，白天的你感到异常疲惫，很容易发脾气**。作为高敏感人你可能已经注意到当自己饥饿时很容易暴躁。此外，还有社交的需求、外部结构与秩序的需求，以及与做母亲无关的活动需求，等等。这些因素常常在潜意识层面产生作用，无需外部因素的加成就会严重影响到你。因此，如果需求没有得到满足，你很可能会因为内在压力而开始焦虑。因此，不要低估未被满足的需求对自己情绪产生的影响。同样，**你可能拥有个人边界，但却没有积极地保护它**。一旦这些界限被跨越，你内心中的压力就会积压，并可能导致潜在的超负荷运转。

当思绪如即将来临的暴风雨一样在脑海中堆积，慢慢影响着情绪，你内部的气压计也逐渐指向红色区域。此时就是"过载"了，而且会过载得很突然。高敏感的大脑会开始发出警告——不能再继续了。边缘系统也开始报告紧张、超负荷、绝望和无助等刺激感受，敏感的杏仁体开始向各个部位释放压力激素。

压力激素不会自行消失，人体会寻找一种方式有针对性地分解它们。因此人们应对压力的反应也多种多样。有人会哭泣，有人开始大喊大叫，有人愤怒咒骂着离开房间。我们都知道，**人处于高压之下时会说一些反常的话或**

▶ 好妈妈需要高敏感

做一些反常的事情。这不足为奇,因为急性压力下人的生存程序便会启动,我们的大脑失去了支配权。根据不同的性格与经历,人们会选择"战斗""逃跑""静止"或"取悦"等不同程序。战斗即大声叫喊、咒骂或争吵等;逃跑即摔门、离开房间、退缩、忍受或回避冲突;静止即感觉无能为力、茫然无措,甚至动弹不得;取悦则是孩子对发怒的父母微笑或对规则以开玩笑的方式来回应。

事实上,在针对导致或加重高敏感性的研究中有许多积极的发现。例如 2015 年的一系列研究发现,**高敏感人群对所谓的"漂浮"反应格外强烈,**这是一种人们在水中完全放松漂浮的状态。57 名心理学学生被分为高敏感和低敏感两组,然后在水池中漂浮静止 45 分钟。试验发现高敏感人群更容易达到类似于恍惚或冥想的意识状态,而低敏感人群则没有类似体验。相似的结果还出现在 2012 年的一项研究中,其证明了高敏感人群对正念相关治疗方法更敏感,受益更多。2018 年,日本的一项研究中发现高敏感人群定期参加体育运动的效果更积极。换句话说,**作为一名高敏感母亲,你对任何帮助你放松、增强内在力量的活动都更敏感。**因此你会从中大大受益,可以好好利用,以预防自己受到过度的刺激。

高敏感的体现无处不在,它存在于你每天的生活之中。你必须时刻保持警惕,不要反应过激,不要做太多,也无需承受太多。现在你知道,即使自己什么都不做,复杂的内心世界也会因上述内在因素的影响高度敏感、易怒或紧张。因此，我们必须关注自己的过度兴奋。如果忽视它，任它随心所欲地发展，那么它会一次又一次爆发。

当然，了解那些抑制自我过度兴奋的因素（例如正念、锻炼）也会赋予我们力量。这很合乎逻辑：

> "如果我们能快速受到外界的过度刺激，对外界的消极事物感知格外强烈，那么反过来也能强烈感知积极事物。"

目前的研究结果表明我们这些高敏感人群对积极的环境影响（外部因素）和积极的精神态度（内部因素）有着强烈反应，同时还表明我们**并非束手无策地任由自己的过度兴奋横行霸道**。相反，我们有具体的措施来应对它，能够良好地控制并观察它，让它不能再继续捉弄我们。我看到的结论非常明确，即我们有一种（甚至可以通过科学证明的）方法，将自己的高敏感性转化为无限的资源，从中获取经验、能量和力量，而不再让它的负面影响困扰我们。再次强调，**我们需要调整自己的关注点**，只有当你真正想要发现时才能找到抑制过度刺激的方法。

例如，在你最爱的乐队的音乐会上你的肾上腺素涌入每一个毛孔时，在你愉快热情地进行创造性工作时，在充满挑战又美妙的深度谈话时，你可以沉浸在每一种感受与想象力之中，尽情地享受。

因此你的核心"问题"摇身一变成了你生活中坚不可摧的支柱。你学会了预知自己对过度兴奋的倾向，然后有准备地生活。当然你也学会了避免它的负面影响。回想一下前文中你所创造的庇护所，你希望自己更频繁地留在这里，你能在其中发展自己。当你越会保护并坚守自己的边界时，你就能拥有越多资源。这些资源能持续避免你感觉到不堪重负或茫然无助，还能用"易受刺激"的方式为你带来幸福、快乐和满足，甚至最理想的兴奋水平。

最佳激活水平

每当我在咨询中询问高敏感母亲有关母性的感受时，总是会得到相同的答案。她们说自己每天都在"喜上眉梢"和"伤心欲绝"之间不断转换。此外，她们难以理解为何日常琐事如此令人发愁。很多人在产后恢复期就开始承受很大压力，在哺乳期或新手妈妈适应时期艰难前行。看起来，每一项与"做母亲"相关的任务对她们来说都异常艰难。**了解自己的边界、预防过度刺激是多么美妙且重要**，但是高敏感妈妈尤其不擅长这一点。原因显而易见，因为她们总把孩子放在第一位。但其实换牙的宝宝并不在意你有多紧张，他们只会带来喧闹、不安和无眠的夜晚。

这就是为什么我们不能只停留在识别、保护个人边界这一步。我们还需要理解一个非常重要的方法，即真正能为你带来内在平衡，并帮你在挑战中或短期或长期恢复能量的方法。

为此，我们需要观察自己的兴奋水平，它描述了人对某项活动或行动的准备状态。这是一种"舒适的紧张"状态，在这当中，你的注意力和兴奋度会到达最高激活状态，并带来一种特殊的体验，类似于"心流"的感觉。对个体兴奋水平的研究可追溯到实验室中对大鼠的研究。实验人员发现它们不仅会为了获取食物、避免疼痛惩罚而工作，还会因为好奇心和自身驱动力而工作。外部和内部因素都可能会触发这一行为，而刺激情况的改变也会直接导致兴奋程度的改变。通过观察激活状态，研究发现人们既不喜欢低激活状态（无聊），也不喜欢高激活状态（挑战过大）。这两种状态都会引起不适，导致个人动力不足，难以完成学习任务或挑战。根据阿特金森（J. W. Atkinson）1964 年的《动机导论》（*An introduction to motivation*）中对动机的研究，他首次提出过度激活的状态可能是一种压力来源（压力加剧模式）。

"最佳激活水平"是最理想的接受与需求的平衡。这是一个完全个体化的指标，但并非一种持续的状态，而是随着不同刺激不断变化的状态。适度的刺激和挑战是最好的，也就意味着刺激既不能太无聊也不能太困难。后者会导致过度刺激或过度挑战，而另一个极端则是僵化或死气沉沉。高度敏感人群必须密切关注两者之间的范围，才能以最大的行动力与驱动力完成任务。耶克斯—多德森定律是一条于 1908 年提出的心理学定律，它指出无论是活动过强还是过弱，成绩都会大幅下降。

英格丽德：无尽的无聊

英格丽德（Ingrid）填写的信息表中写着她最近刚开始接触"高敏感"这个词，并希望通过谈话来了解我的工作是否符合她的预期。我觉得她的表述既有力又清晰。毕竟现实往往恰恰相反——我们投身于一个新的课题，对它一无所知，从零开始，因此几乎没有什么期望。根据英格丽德的解释，她常常对自己的期望很高。她说自己是一个完美主义者，因此经常承受很大的压力。她的小女儿只有 9 周大，这让我很惊讶。因为高敏感母亲通常很难这么早就有意识地来找我。

那次谈话是在一个炎热的夏日进行的。她带着宝宝来到我的诊所，当然了，宝宝也在场。但在接下来的谈话中，我们几乎没有注意到宝宝的存在，因为她是一个快乐、专注、安静的孩子。她一直在跟妈妈眼神接触，并满足地抱着自己的小毯子。"她一般都是这样的"，英格丽德解释道，并补充说其实一切都很顺利，但是……

英格丽德向我讲述了她作为新手妈妈的日子，以及她对孩子充沛的爱，一口气讲了将近 15 分钟。我一下就明白

第五章 | 划清边界，守护边界

她已经陷入自己思绪的旋涡之中，这种情况很可能是活跃度过低造成的。我询问英格丽德在成为妈妈之前的生活，了解到她在 30 岁前就完成了本科、硕士研究生学业，还出国留学，并取得博士学位，后进入全国领先的企业成为管理层。但现在这一切都被抛到脑后。有了女儿后，她感到很满足，但却已经开始思考产假结束后应该怎么办了。做了短短几周的母亲，英格丽德却已经演练好所有情况。她安排了接下来几个月的产假，然后再次回到那个她不太在意的工作岗位中，因为不想让自己之前的努力付诸东流。她还在诉说着自己工作的愉悦、对女儿的爱、对新手妈妈这项崭新又艰巨的任务的感受、她不接受犯错误的完美主义要求……听她说这些我都觉得头晕。我深吸一口气，觉得自己必须敢于提出一个她不喜欢的话题，然后我就这么做了。

我简短地提及她可能觉得整天和孩子在一起过分无聊。然后英格丽德沉默了，开始默默流泪。她为自己有这种想法感到羞愧，但这确实是事实。大部分时间里，宝宝只是在无所事事。她躺在那里玩耍，抱着妈妈喝奶，对每一件小事都感到满足。当然，带小婴儿总是辛苦的。但对英格丽德来说最糟糕的是她需要放缓自己训练有素的大脑。

"每当有人告诉我，我做不到时，我总能拿出最佳表现。"英格丽德说道。然而没有人告诉她，她不能成为一个好母亲。我当然也不会这样讲。因为我亲眼看到了一个小宝贝在地上玩耍，吃得饱饱的，非常健康。英格丽德做得非常好，这也让她感到烦恼。于是她填满了自己无聊的日子，要么开始做那些不紧急的任务（比如计划重返工作岗位），要么真的把自己的时间排得很满。每天丈夫回家时，她都会滔滔不绝地谈论各种各样的任务，每项任务都有同样的优先级。她告诉我自己经常情绪爆发，尽管事实上一切顺利。

英格丽德的大脑正处于一个绝对戏剧化的低谷——她觉得太无聊了。她的大脑能在短时间内处理大量的数据，但现在却终日盯着一个婴儿，防止孩子吞下自己的手指或是穿得太厚。因此她感到羞耻，毕竟这应该是她生命中最美好的时光。同时她也感到内疚，认为问题一定出在自己身上，一定是自己做错了什么。对于她来说，这种低活跃状态是无法忍受的。所以她开始思考、权衡、比较，列举了一个又一个任务，并在晚上丈夫回家前过度刺激了自己，却不是因为压力过大。这有点儿像是她的大脑神经递质们因为太无聊而打了一架，现在需要一位裁判来化解这场闹剧。

过度兴奋还是活力不足

如果你和我一样，那么你在与孩子的日常生活中也常常被爱、喜悦和感恩包围，但也总在一个美妙时刻的瞬间就陷入无比的愤怒、应激和压力之中。在这些瞬间之前，你的大脑已经自发地将激动程度累积到了对你不利的水平。过度兴奋、过度活跃、过度激动……不管是什么，这些高峰最终都会产生相同的效果。因此，你对于无聊（过低激活）和过度刺激的反应同样都是不适与困扰。难怪高敏感的母亲在与家人相处的每分每秒都可能会达到自己的极限。因此我们必须找到自己的最佳激活水平，找到平衡，同时也了解我们自身激活水平的上限与下限。

我们无法改变孩子的行为和成长以及一切相关的事情。你会经历不眠夜，遇到令你完全失控的情况，感受到无尽的恐惧、难以克制的愤怒、泛滥的同情心和无尽的爱。这些都是无法改变的，但你的应对方式可以改变。要时刻提醒自己，每当你感到不堪重负时，你就已经处于超过自己边界的状态。然后就需要你像保护眼睛一样去小心呵护，此时就能找到你的最佳激活状态。

练习：找到自己的最佳激活状态

在接下来的几天里，我希望你能温柔地观察自己，就像趴在窗边看自己的生活一样。保持客观、耐心和爱心，然后像以前一样继续自己的日常。你不必改变什么，也不必重新安排什么。

现在开始观察自己：
- 记录疲惫、劳累、压力或身体不适的最初迹象。

- 在与孩子的互动中观察自己，不加以评判。
- 记录自己叹气、揪头发、咬指甲、咬牙或捂耳朵的时刻。
- 你可能还会注意到自己在一天中的某些时候没有做自己想做的事，而是拿起手机给朋友或伴侣发短信。

完全中立客观地记下一切，把你的观察结果写成日记或小纸条。至少一周之后，你就能发现自己与他人（尤其是孩子）、与自己的关系都发生了变化。然后详细回顾你的笔记，在头脑中一步一步回想每一种情景。

在这个过程中问问自己：

- 我在描述的情景中感觉如何？
- 我当时是否意识到了自己的感受？
- 现在回想当时的情景，我有什么感觉？

在记录特别积极美好的经历之后，也可以问自己同样的问题。这些问题是关注自我的开始，因为我们往往会不自觉地进入"自动驾驶"的模式。在这种状态下，我们只是简单地作出反应，按照既定的应对方式行事。我们放弃责任，忽略自己的感受，变得麻木。然而我们不能排斥或惩罚这种不舒服的感觉，它仍会潜伏着等待下一次。每当你发现在某种情景下忽视了自己的感受，或觉得自己的情绪不妥当时，你就知道是"自动驾驶"接管了主权。我们确实需要"自动驾驶"来保护我们的系统，但它也有缺点。例如它不能为我们后知后觉的错误和失误负责，更不能让时光倒流。

| 第五章 | 划清边界，守护边界

生活可以没有苛责

作为父母，真正感知到自己的需求是很困难的，因为时间越来越紧，解决需求的机会也越来越少。除了意识到自己有哪些需求，还必须马上满足。一旦你知道个人边界能够彻底应对需求，满足自己的需求也会变得更容易。我们对边界的内在态度让自己认为它似乎总是负面的，但事实并非如此。如果你的某个需求得不到满足，你自然会触及某个边界。例如，肚子饿是一个非常明确的个人边界，表明你的胃没有储存了，急需补充。同样，当你的大脑在日常得不到满足时，你也会触及某个边界。是的，个人边界与需求息息相关，彼此绑定。当学会找到其中健康的平衡时，高敏感母亲也能过上没有苛责的生活。

---◇---

"安妮卡说：'如果我能够放下所有执念，就能空出手臂去拥抱生活给我的惊喜。这其中蕴含的能量可能是之前的我从未预料到的。'"

第六章
高敏感百宝箱：从你的性格中汲取能量

情绪强度：感受你的感情

我们与他人对话时经常避免流露感情，原因是显而易见的——吐露内心感受会让自己显得脆弱。描述自己的恐惧就几乎等于向其他攻击者展示自己的软肋。描述自己的愤怒也等于承认自己的错误，承认自己可能会失控，无法做出恰当的反应。**当我们向对方坦白爱意、友谊或深切情感时，还会冒着得不到回应的风险。**表露悲伤或受挫时，自己就像一只受伤的动物，只能寄希望于别人不会利用自己的脆弱。

在高度敏感人群的情感世界中，脆弱、易受攻击和无助的感觉会被无限放大。目前为止，我见过的每一个高敏感母亲都被各种消极的想法所困扰，例如"我不能表现出情绪"或者"我必须振作起来"，等等。**他人的一些小小反**

应就能让高敏感人群很快产生自我怀疑。例如，当对方不能感同身受、不理解自己，或是他们处理情绪时更加平静、更加洒脱，这些都会触发高敏感者的自我怀疑。同时，我们在生活中也都听过别人暗示我们"不要太娇气"。人们如何看待自己和自己的精神世界只取决于态度和方式，与高敏感与否无必然联系，但是与成长背景、教育和社会化有关。因此，问题的关键不仅仅是"我是否高敏感"，更在于**"我的内在与外在如何影响了自己处理感情的方式"**，而这两者之间往往有着相当大的差异。

因此，高敏感女性会面临这种情况：她们渴望进行内心的深层次对话，却很少这样做。在开始分享内心的恐惧、焦虑与负面情绪之前，她们还会产生一系列自我保护机制，这些机制在生活的不经意间形成，想要打破却十分费力。外向型的高敏感人群会有冲动、攻击性的反应，会感到愤怒并采取主动行动；而内向型的高敏感人群会选择逃避，只有在被询问时才会参与对话，总会说"一切都好"！每当我问一个高敏感母亲的情感状态如何时，她们通常会开始短暂的沉默，抬头看看上方，然后陷入思考。她们的情感世界比常人更细腻，但竟会不知从何开始说起。这并非因为她们无话可说，恰恰相反，她们的大脑一时间涌入了太多想法、太多感受，反而难以找到一个合适的词语去形容。这时人们就会意识到，**自我与本我之间存在着一道鸿沟**，必须足够小心才能避免掉入其中。作为一名高敏感的女性，我们必须首先学会重新感知自己。

◆ 好妈妈需要高敏感

> "我知道一些你还未察觉的事情。"——直觉

"有时候真的气死人，"我的弟弟对我开玩笑似的抱怨道，"什么事都瞒不过妈妈，很多事她早都知道了，甚至那些根本不可能有人知道的事她也知道。"他笑了笑，摇了摇头。我们两个都不知道为什么，但事实确实如此。我们还未开口，母亲就已经知道我们发生了什么事。我们在母亲面前没有任何秘密，这确实很恼人。这些年来我一直在猜想，妈妈是不是会占卜，或是偷偷看了我们的日记。后来我才明白，她根本不需要这样做。她就是知道。

> "蒂娜（Tina）：'在上一份工作中，如果有人要来了，我在门口就能感觉到。'"

让我们再回顾一下镜像神经元世界的内容：**某个情景的短暂印象也可以令我们的内心产生直觉般的预感**。然而，由于镜像神经元也可能受到误导，我们也可能会出错，因此人类始终需要在直觉与理性逻辑思维中权衡。镜像神经元绝不是单打独斗的单位，它们的作用是传递信

息，让大脑得以比较这些信息与理性经验。尽管如此，我们还是躲不开"第一印象"的影响，我们会感受到某种直接的情感，即直觉感受。而观察他人、预见与其发生的人际关系是我们与生俱来的本领。有时我们会感到不安，但又说不出是为什么。这就是大脑产生了无法用理性解释的直觉预感。

当我们与其他人有紧密关系时，这一能力就显现出了迷人的特质。即使亲近的人不在身边，大脑也能计算出他的"路径"，并让我们直观地感受到他可能处于的状态。那些已成年、常年不在家的孩子的（高敏感）母亲肯定非常熟悉这种感觉。然而，这种能力不仅限于亲近的人，直觉特别灵敏、镜像神经元系统高度成熟发达的人，即我们所谓的高敏感人群，可能还拥有某些令人难以置信的"预知"能力。

那些拥有敏锐感知能力的人通常更容易对超自然、玄学话题产生兴趣。他们渴望理解万物之间的联系，并在对话或关系中迅速走向深层理解。因此他们会仔细聆听、深入观察、长时间思考、反复探查每一个细节。高敏感的人往往喜欢思考哲学、亲近自然或研究玄学。

多年来，我都难以理解为什么母亲可以看透一切，似乎我的弟弟也很困惑。但这是一种难以置信的天赋，如果我们也拥有并利用这项天赋，就能以一种特殊的方式与他人建立深层信任，也能充分信任自己的感觉。不仅如此，了解这种能力还能让我们更加自信、更加成熟，不会再感到无助、感到自己对现状不知所措。这样一来,"听从你的直觉"才真的有了意义,不是吗?

高敏感是一种资源

感知敏锐是你最大的能力。高敏感的大脑、敏感的感官通道、高度激活的镜像神经元、丰富的内心世界和细腻的同理心都能帮助你感知自己、感知他人。这是你的使命,也是你与众不同的原因。

你拥有令人赞叹的情绪能量。你所能感受到的爱像是一场缤纷的烟火表演。当你感知到爱的时候可以全身心地投入。你可以倾听他人的故事,准确地体会他们的感受。没有哪件事让你觉得难以感同身受,你可以将自己代入一切,理解、感知每一句话。

然而对于负面情绪,你的感受也更强烈。因此你并不只是单纯地忧虑,而是在脑海中实实在在地感受着恐怖的画面,尽管一切可能尚未发生,但你确信它们总会来临。你不只是害怕,而且是难以迈出下一步。你被悲伤麻痹,被愤怒占据,被疲惫击垮,被羞耻动摇,被内疚折磨。这一切都是真实发生的,不是你的想象,它们扎根于你的内心。而正是这一切让你成为你自己。

你充满爱心,充满激情,可以与人建立人际关系,并与他们交心。你有很多熟人,而只与其中几人建立了深厚

第六章 高敏感百宝箱：从你的性格中汲取能量

的友谊。这种友谊要么是一辈子的，要么是你还在寻找的。你会因为兴奋而浑身颤抖、笑容满面，你会被触动，也会因感人的音乐或悲伤的电影而哭泣。你特别擅长体会他人的情感，特别善于理解，善于感同身受。你不想伤害任何人，为人周全，体贴入微，能记住最微小、最不起眼的细节。你特别擅长保守秘密，也善于分享情绪，不会轻易将别人推远。

◇

> 马琳（Marleen）："作为社会工作者，孩子和青少年都很喜欢我，总是会向我倾诉。有一次，一个女孩对我说：'马琳，你是我们的救星。'我特别擅长通过表情识别情绪，察觉到对方有不好的感受。因此，大家都把我当作朋友，认为我是一个细心并且关心别人的人。这是一种优势。"
>
> 皮娅（Pia）："我能强烈地感受到自己处于高压或紧张中，能够意识到自己需要采取措施，也总有人提醒我要好好照顾自己。我很了解自己的情绪，也很了解自己。孩子们喜欢和我一起玩，因为我可以真诚地对待他们，和他们产生共鸣。我对自己和他人都有着强烈的正义感，也一直在坚守这一点。我很会倾听，很少忘记别人跟我讲过的话。"

▶ 好妈妈需要高敏感

> 莫（Mo）:"我对孩子们的同情心帮助我理解并陪伴他们。我很会利用自己的直觉。作为一个高敏感的人，我也喜欢和其他高敏感的人进入深层对话的感觉。有时人们会认为我们很消极，或者总是'过分夸张'，这一点我很像一个孩子，总是全情投入。我还记得有一次我因为听音乐会而在赴约时迟到了 15 分钟，但是我愿意，因为我不可能在欣赏（长篇）音乐作品的时候中途离开。"

我有权利感受。这是我正视自己高敏感的特性后才理解的事。我可以真正地感受，感受所有情绪。我的生活总是充满了强烈的感受，用 100% 的能量去感受。在情感方面我不会做半点儿妥协。我用最炙热的情绪体会爱与感恩。而且这两种情绪可以帮我度过任何危机。因为我明白，**我并非注定要去感受情感，只是被创造出来去体验这一切。**我也明白，我有权利沉浸在负面情绪中，也有权利聚焦在美好的事物上。我的这一套通常都能很好地实现，但偶尔也会出岔子，情绪有时也会让我失控。在学校或幼儿园的暑假聚会上，我会因为乐队一首动人的歌曲而哭泣，这并不好受。尽管我认为这是一种赞美，表明这支乐队很能打动人。我会因为一个好故事起鸡皮疙瘩，闭上眼睛就能看到作者精心描述的那些角色在我眼前清晰浮现。我能用想象力像看电影一样沉浸其中。这能帮助我从日常生活中解脱出来,沉浸在另一个情感世界中。我允许自己做白日梦,听音乐时放大音量,读那些让我感同身受的书,在音乐现场毫不掩饰地哭泣、跳舞,即使别人觉得这很尴尬。但我依然会大声欢呼,全情投入,感受身体的每一寸肌肤。

> "虽然有时很艰难,但与人产生共鸣的能力绝对与众不同!"

即使在今天,仍有许多人坚定地认为敏感意味着失败。因为他们认为敏感的人在这个世界上无法从竞争中脱颖而出,也无法在这个残酷的世界中生存下去。只有少数几个行业认为敏感、同理心、感情细腻是美德。在创意行业中,高敏感的人或许可以找到自己的一席之地,但仍有被排挤的风险。而在心理健康行业中,同理心和敏感通常是必备的品质,但却仍有附加的限制。我和许多以孩子需求为导向的家长一样,总是以敏感温和的方式与孩子相处,但在许多人眼里这样会阻碍孩子的发展,让孩子难以面对艰难不公的未来社会。的确,我需要让孩子们对"外面的世界"有所准备,比如以防被汽车撞到,有些小动物会伤人,还有一些人可能会伤你的心。但这样做就能为面对残酷不公的世界做好准备吗？我不这么认为。而且，我不认为这样做会让这个世界变得更好。

> "我们即是世界，我们的言行即是世界的呼吸。"

因此，我迫切地希望周围的世界正视这样一个事实，即世界需要敏感、细腻、敏锐的人，毋庸置疑。无论如何，我都不希望当你合上这本书时选择抛弃自己的高敏感，放弃自己所有天生的优势资源。

我经常回想起学校的时光。**学校这个场所最主要的目标似乎就是帮我们做好准备，进入职场，适应工作，融入社会评价标准**。总而言之，就是帮我们迎接离开父母庇护的日子。那时总有一些话语围绕着我，时常在我的脑海中盘旋。例如"你以后也不能这样选择""振作起来，适应环境"或是"如果你想自力更生，就必然要经历这些"，等等。这些话要么击垮我、改变我、让我陷入自卑，要么让我真的为残酷世界做好了准备。但事实上，两者都没有。**它反而让我更加清晰地认识到了自己的敏感，并且不再为之感到羞耻**。终于，我可以接受它并享受它成为我个性的一部分。**现在，它就在那里，与我一体。我不必去改变它、改造它，我可以爱它**。我喜欢这个世界。我喜欢它的自然，它的绿色。我喜欢它迁山移海的力量，喜欢它把大树连根拔起的狂风。喜欢它的多样性和多面性，喜欢它留给我们进化的空间。我唯一不喜欢的就是苛刻。我不喜欢发动任何战争、排挤和划界的人，我不喜欢武器和滥用权力的人。不喜欢那些伤害、羞辱、杀害他人的人。是的，有一天我会告诉孩子，世界上还存在这些事情。他们可能会遭遇仇恨、攻击，甚至暴力。如果他们需要以某种方式回应，我会陪伴他们。但是我不会要求他们现在就坚强起来。我不相信每次"发脾气"时都让孩子洗冷水浴会让世界变得更好。我不相信让孩子在学校里以牙还牙，用拳打脚踢对抗战争、仇恨和暴力会让他们变得更坚强。我不相信要求孩子和自己变得强硬会对社会发展和我们所生活的世界有所帮助。

我相信的是，只有我们敢于违背、抵抗前几代人的陈旧教育观、服从观，这个世界才能存活。放弃旧的思维模式和传统，不只会说"是""阿门"，还需要说"不""该死"。我在生活中常说"不，该死"，而不是"好的，我听话"。这激励着我前进，激发了我的热情和雄心，塑造了我的内在智慧，鼓励着我守护自己的权利与情感。现在我知道了，我的情绪是我的合法权利。我就是我。

好吧。也许我永远不会成为世界 500 强大企业的经理，也许我永远无法变得"强硬"。但我欣然接受，因为我还拥有许多其他的东西。我的激情、我的理想、我对人性本善的信念与对爱的能量坚定无比的信任，这些能力可以捞起沉船、阻止气候变化、改变政治、保护我们生活的空间。事实上,我细腻敏感的天性让我不断得到正向反馈,过去几年中,我了解到的许多高敏感的人也有类似的体验。

当年轻人敢于逃课为气候抗议,越来越多的父母放弃过时的教育理念,女性为自己的权利而奋斗时,我也越来越坚定。我们必须相信自己的能力,成为我们行动的主导者,忽视那些让我们受伤的事物。**我们不必武装到牙齿,也可以润物细无声地达成自己的目标。**

> "但我们必须敢于从高敏感中汲取能量,从我们的天赋、体验与感受中提取能量,这些能量早就蕴含其中。"

让你感知到才是情绪存在的意义。为了重新回归自己的感受,找到自己理想的道路,你必须从头开始。从意识中体会自己感受到了什么。那么让我们开始吧!

你的内心团队

如果你仔细审视自己的内心情感世界,可能很快就会觉得过载。因为你已经习惯被说教"你太敏感了""你总是这么矫情""你也想太多了",你总是"太"怎么样。外界对你的评价并不总是完美的,从小你就被评价为什么都太过了,你喜欢夸大其词,很容易得罪人。不知怎的,你总是做错事。**这种声音已经扎根于你的内心,让你越来越贬低自己,不再能完整地表达自己的感受,只会逃避。**因此似乎没有人能够真正处理压得你喘不过气的情绪。

事实上,情绪本身没有错,它们反而在我们的感官系统中有着重要的任务。恐惧可以保护你,让你提防一些危险;**愤怒让你明晰什么对自己不好;**爱让你全身心绽放,感受无穷的能量。有些情绪可能常常出现,而有些情绪你可能根本察觉不到。你更容易愤怒还是悲伤?你更冲动还是保守?你经常心存爱意、充满感激,还是常因恐惧封闭自我?

想象一下你的内心深处形成了一个小团队,它们的任务就是好好照顾你。通常,团队由4~6种情感组成,它们会在适当的时候被触发并作出反应。其中一种会是你内心的主要驱动力,也最经常出现。当它是感激、爱或喜悦时,你的生活会很美妙,感觉自己飘浮在云端。但如果是悲伤、愤怒或疲惫,你就会感觉沮丧。因为内在驱动力通常会影响、加强我们的行为、情感宣泄和压力反应,让我们看起来"很典型"。如果我们对某些安排并不满意,那么现在正是调整团队的好时机。以下练习可以帮你调整。

练习：组建你的内心团队

再次拿起纸笔，给自己一点儿时间，找一个安静的地方。再次闭上眼睛做练习，按顺序问自己以下问题：

- 当你回想日常生活时，最常感受到的是什么？
- 你最先想到的、经常感觉到的，或常被困扰的感觉是什么？
- 还有什么其他感觉？闭上眼睛感受。
- 什么感觉仍然存在于你的日常生活当中？
- 当你再次闭上眼睛，感觉会改变吗？
- 今天或平时还能注意到什么其他情绪？

让你的直觉代你说话。就算回答再抽象，也要把它记下来，不要多想。

现在停止计时，最迟也要在 2 分钟之内完成这个练习。

你写下了多少种感受？

看看你的纸上是否只有四种或更少的感受（不过在这么短的时间里，这也很正常，不必担心）。然后充满爱意但正式地向自己提问：这些感受真的"太"多吗？

假设你已经写完了日常生活中的四种感受。为了更好地说明，我将以愤怒、感激、悲伤和快乐为例。

现在拿一张纸，画四个圆圈。在每一个圆圈里写下一种感受。接着在它们的上方画一个稍大的圆圈，在里面画上自己，写下自己的名字或是"我"这个字。

现在请在头脑中回想一下最先写下的那个情绪来自哪种情景？当时是什么情况？发生了什么？你的身体哪个部位感知到了情绪？你现在还能感受到相同的感觉吗？

利用这一刻回忆过去。看看自己在当时情况下的感受，然后问自己：在那一刻，你是如何与清单上所写的其他情绪相连的？举例来说，如果你记得在某种情况下感到愤怒，那么就开始寻找第二、第三、第四种情绪是如何受到愤怒的影响的。

当你回忆起愤怒时，你的感激之情产生了何种变化？

当你强烈地感受愤怒时，你的悲伤处于何处？

你写下快乐的那一刻是什么感觉？

你将在内心探索中得到答案，尽管现在这个试验可能看起来仍有些抽象。所有的情感都有意义，否则它们不会这样自然地浮现在你的脑海中。它们之间都有联系。将你的注意力集中在情感世界的主角上，剖析是谁给了谁机会，谁又总是被挤到一旁，谁一直在试图与你沟通，但可能没有得到足够的关注。不断地提问，不需要花太多时间思考。也许你会开始下意识地在圆圈之间连线，或是用其他方式将它们联系起来。你还可以把圆圈画成一辆车的四个车轮，把"我"放在中心。也许你可以沉浸在思考联系的过程中。

有一点很重要：无论你如何将自己的感受联系在一起，你始终高于它们。依此组建你的内心团队，你就会注意到谁是你的内在驱动力。它的声音最洪亮，最吸引你的目光。

▶ 好妈妈需要高敏感

焦虑不等于焦虑障碍

高度敏感的人一定会有焦虑障碍吗？不，完全不是。我能说出无数高敏感个体，但他们的内心团队有其他领导者，焦虑并不会占上风。但高敏感人群比其他人更容易焦虑吗？答案是肯定的。一般来说，高敏感人群容易产生压倒性的、猛烈的焦虑，而且焦虑总会让人倍感虚弱。对于高敏感孩子来说更是如此。

在一个全部由高敏感母亲组成的小组中，我们很快就会明白为什么必须深入处理焦虑和焦虑情绪。因为即使它们不是内心团队的领导者，也十有八九是重要的角色，或至少存在一个替代品。塞缪尔·普费弗（Samuel Pfeifer）在他的《敏感的人》(*The Sensitive Man*) 一书中写道："焦虑是所有负面情绪的源头，其他形式的负面情绪都是由焦虑而起的。"他告诉我们，**对某件事没有兴趣或热情，感到困扰或压力，不断拖延或逃避，实际上都可以归结为内在的不安。**这种关联是复杂的，但也非常直接。当某个声音在内心告诉你，这项计划可能是危险的、艰难的、会以不愉快收尾，恐惧和焦虑就会先于事情本身一步来临。很多时候这样的过程是在潜意识中完成的，通常是我们察觉不到甚至无法直接干涉的。有时焦虑无法站出来大声表达，它就会先派出一个小信使，即另一种替代性情绪，或是因人而异的某种特定情绪。小信使可以是类似于压迫感、愤怒、困扰、逃避、不悦、沉重、疲劳或者压抑等情感。

但是如果焦虑不是那么明显地针对某件事，有时就很难追根溯源。然而，愤怒或不安之类的情绪频繁出现，其根源在于问题本身，这几乎是显而易见的。我们已经看到，高敏感母亲（或人群）的核心问题是易反应过激或过度兴奋。这与压力高度相关，而且总是会带来压力反应，正如我们在有关大脑与压力章节中所了解的那样。由于过度兴奋，我们会陷入原来的压力模式，产生愤怒，做出攻击、大声咒骂、大喊大叫等行为，甚至出现悲伤、孤僻、逃避、恐惧或自闭等反应。在生活中，我们的反应并非一成不变，而是会随着年龄的变化不时调整。我们可以学会处理愤怒和恐惧，克制、遏制它们。但我们也要尊重这样一个事实，即我们很可能永远无法摆脱它们。因为它们的作用至关重要。

高敏感恐惧的艾尔克

"你不是要和同事一起吃早餐吗？"我在电话里问母亲。现在刚过 9 点，她应该已经在路上了。她在电话那头叹了口气："对，"她小声说道，"本来是的，但是我取消了，我实在没法儿去坐火车。昨晚睡得不好，今早醒来时觉得胃痛。"

"我给她打了电话,然后随口撒了个谎,我为此感到羞愧。但是如果爸爸能开车送我,明天我们就会见面了,到时候我会告诉她真相的。"她艰难地咽了口唾沫。我知道这让她有多不自在,即使她自己说不出口。

从我有记忆起,母亲就有幽闭恐惧症。我还很小的时候就要陪着她去餐厅之类的地方上厕所,因为她不能锁上门,我就需要在门外守着,以免有人闯进来。直到今天,这一点也没有改变。当然,母亲也有很多次是单独去赴约。如果门的上下都有缝隙,那她还勉强可以应付,她甚至会从门底钻过去,或是从门上翻出来,只要门不上锁。但是她绝对接受不了电梯和旋转门,隧道也不行。我长这么大,去波罗的海度假时也从未穿过艾尔比河隧道,我们总是绕着桥的外侧走。购物中心、大型商场或封闭的停车场对她来说都是很大的考验。她一生都在努力克服这种恐惧,她也不知道这种恐惧从何而来。时间久了,她也慢慢感觉到了改善。她会勇敢地计划在市区吃早餐,如果步行路程太远,她也会坐有轨电车。她会安排好自己的行程,有时甚至事先试验一番。只是她的高敏感性时不时会出来捣乱,让她十分无力。她今年已经 63 岁了。

恐惧是每个人不可或缺的情绪,能防止我们犯错,让我们意识到不妥,帮助我们解决冲突。它帮我们权衡、认识风险,让我们意识到自己的弱点所在。恐惧是我们内心团队的朋友,是真正的益友。至少当我们学会引导、控制它的时候,它是我们的朋友。

而失控的恐惧给人的感觉似乎是完全无法控制的，而且总是没来由地发作，无处不在。惊恐发作、幽闭恐惧症、社交恐惧症和持续焦虑状态都是恐惧失控的明显特征，一定要及时就医。克劳斯·伯恩哈特（Klaus Bernhardt）在《摆脱惊恐发作和其他焦虑症》一书中详细介绍了人类的焦虑体验以及他所研究的与焦虑不安共处的方法。我想向所有焦虑障碍患者推荐这部伟大的著作。

获得内在指引

你平日里的感受并没有"太多"，可能和其他人并无差异，只是强度不同而已。你已经听过太多"情绪过激""陷入了情绪""过度夸大"的指责，但你可以通过自己形成的情感"内在团队"验证这些指责是否属实。你是否故意深陷情绪、不能解脱、过分夸大，还是你只是在真实地感受着自己所感受的？我坚信这世上不存在"太强烈"或"太多"的情绪。**谁有资格做这个裁判，来决定何时可以感受多少、何时应该停止？** 我们应该与自己的情感友好共处，因为存在即合理，它们只是以自己的方式现身而已。否则你为什么会拥有这些情感呢？

你的内在团队意义非凡。 如果你写下的四种情绪都是负面的自然会觉得生活很痛苦，但实际情况或许并没有这么糟。**因为团队中的每一个成员都希望你能过上充满爱和**

▶ 好妈妈需要高敏感

美好的生活。"恐惧"只是想阻止你犯错、陷入危险;愤怒可能会淹没你,但它只是想帮你释放力量与能量;紧张看似让你头痛无力,实际上却是想为你争取片刻的宁静与休息。它们都想要你过得更好。难以置信吗?事实上,它们确实是来帮助你找到一条更好的生活之路的。但问题在于,没有人可以单独完成这一切。

回到你画的圆圈上,当你的圆圈在白纸上松散地游荡,会发生什么呢?这些情感又该如何定位呢?每个感觉最终都是孤立的,它们没有看透答案的眼睛,也没有走向正确道路的双腿。**无论它们出于何种原因与你伴生,都只有通过你才能获得意义**。

———————◇———————

"你人生的缰绳完全掌握在自己手中。"

你的内心团队伴你左右,有时在保护你,有时也会拖累你,有时助力你,有时呵护你。但最重要的是,它们一直都在。**你是一切的基础,没有你和你有意识的决定,情绪就不会发生任何变化**。因此,你不必无助地被情绪摆布,也不必被情绪压垮。不妨尝试重新调整你的团队,把感激放在掌舵手的位置上,把自己完全投入一个富有挑战的情境之中。这次愤怒不再做主导,感激才是。如果其他情绪能够丰富你的一天,那会有怎样的结果呢?

在内心团队的帮助下,你既能为生活中的一切情况做好准备,又可以走向真正的超脱。每当你感到怀疑、不安,甚至孤独时,就与自己的内心世界进行对话,找出这张纸,找出你的笔记。你的内心蕴藏着巨大的力量与情感,它们正准备着层层破土,大显身手。不要再将它们封锁起来,不要再克制自己的情感,当你压抑自己的情绪时,它们就会让你痛苦不堪。同样,你也不必承受或忍受每一次轻微的伤害。请相信,你的内心已经拥有了你所需要的一切。在这样的生活中,你不必因担心"太多"而压抑自己。

◇

"能够感受一切并不意味着必须时时刻刻感受一切!"

高敏感母亲总会不计后果地感受孩子的一切。每一天,自己和孩子经历的情绪堆积在一起都是巨大的挑战。孩子成长的不同阶段也会伴随着各种各样的感受。尤其是在孩子刚刚出生时,我们会经历天翻地覆的情感转变、荷尔蒙巨变、身体变化,一天当中需要满足的需求一下子骤增。我们总是难以理解孩子究竟是什么情绪,甚至更糟的是会误解他们。到底为什么这样闹?为什么又哭了?我做错了什么?我们想尽一切办法,却常常觉得自己又做

> 好妈妈需要高敏感

错了。

我们一下感受到太多：对孩子无条件、无限的爱，事情不尽如人意时的愤怒与冲动，等等。但这还不是全部。高敏感的母亲与（高敏感）孩子之间的联系有时会让我们忘记两者的边界。因为你们不仅相连，还互为你我，高度共鸣。当你能准确地感受到对方的情绪时，将自己的情绪与对方的情绪分开就会变得十分困难，但这恰恰是解决困境的核心方法之一。在身体上（积极的）"越界"也常常发生，因为对于许多拥有高敏感孩子的高敏感母亲来说，她们常常拥有许多强刺激的亲密时刻。这会导致情感、认知，甚至有时身体上的边界完全模糊。而这时，唯一能做的就是设定界限，有意识地回到自己的身体和内心感受上。

你需要时间信任自己，表达自己的感受，并明白自己才是那个掌握缰绳的人。这很正常，凡事总需要一个过程。记住，你可能只是刚刚开始，起码还没有抵达最终目的地。我们还有一些章节要写，你还有很多时间。现在请最后一次闭上眼睛，感受自己的内心。

当你能够彻底地感受它，无需克制自己或激励自己时，你的生活变成了什么样？不再有羞愧、内疚或自我怀疑。让自己深吸一口气，沉淀这种感觉。你正在走向坚定与自由。

第七章
现在的你就很完美

◆

高敏感母亲的局外人感受

每个高敏感的人几乎都有过这种感受,即感觉自己是个局外人,和其他人有些许不同。这种感受有很多表现形式,从"其实我没有问题,只是没有人理解我"到"我感觉自己像个外星人,不知道为什么我和其他人都不一样"再到"我有问题,我错了。我想和其他人一样"。在高敏感人群心中,这种心理一直处于休眠状态,通常会在具有挑战性的人生阶段爆发出来。而成为父母就是这样一个阶段,比以往任何时候都更具挑战性、更难、更累,而且要不断被审视。在高敏感人群一生中感受到的所有负面情绪中,**没有归属感是最痛苦的**。

好妈妈需要高敏感

格格不入的雅娜

在雅娜成为母亲之前我们就认识。她成为妈妈后,我们在母乳喂养咨询会上相遇,因为母乳喂养并不像她想象的那样顺利。我们聊天时她一直在流泪,但不仅仅是因为母乳喂养的问题。交友似乎也不再像生孩子之前那样简单。她现在总觉得自己被排除在外,在家里花了很多时间独自陪伴孩子,却不敢向他人诉说自己激烈的情感。在感觉安全之后,雅娜向我敞开了心扉。但在随后每周一次的婴儿课程中,她却依然显得有些孤僻。如果问她的近况,她总是简短地回答,而且通常都是正面的回答。她不会分享什么特别的事,对那个有些棘手的宝宝也很少谈论。在一次私人谈话中,她向我透露,她做什么都可以,但始终不觉得属于这个环境。当然这个小组很好,大家还会在课程外约着见面。但是她不敢敞开心扉,不敢暴露自己的真实感受,从来都没有过。直到两年多后,我们开始了辅导课程,她每个月至少有一次机会关起门来自言自语,倾诉一切她想说的话题,她才开始哭泣。"现在我才能理解为什么每个人对我的看法都如此不同。为什么我总觉得格格不入。我总觉得自己不正常,我的感受不正常,我的反应过激,或者单纯就是脆弱。但事实并非如此,我只是高度敏感而已。我真希望我能更早解决这个问题。也许那时就不会有那么多的友谊破裂，我也不会因为困扰我的事情倍感孤独！"

雅娜一点儿也不孤单，她和你我都是"局外人"。或者说，至少她认为自己是，因为她经常（像你我一样）遭遇和他人不同的问题。我们已经证明了她不是。只是她的大脑和情感世界与许多其他人不同。不能像其他人一样获得归属感，感觉自己不在同一个社会频道上的情绪像生锈的钉子一样钻进了她的心。这个"钻"是字面意思。

社交排斥是一种痛

2003年，加拿大心理学家和研究员娜奥米·艾森伯格（Naomi Eisenberger）发表了一项有趣的研究。她想探索社交排斥的神经基础，以及排斥与实际身体疼痛的关系。毕竟我们的语言中总能显现出一些联系，例如人们在失恋后心碎，受到"打击"和"伤害"。为了弄清人的大脑中究竟发生了什么，她让一名被试者与另外两名玩家一起玩一款简单的电脑游戏。然而，另外两名玩家其实是电脑，但被试者并不知道这一点。他以为与自己来回击球的是两个真人。然而过了一会儿，另外两名玩家（电脑）开始互相传球，不再传给他。在他看来，他们似乎把他排除在游戏之外了。

在实验过程中，测试者被连接到所谓的"核磁共振成像"设备上,这种设备可以在脑部活跃时显示出脑区域的图像。测试结果令人震惊。当另外两名玩家只和对方玩,不再和他玩的时候,**前扣带回皮层首先作出反应**。当一种反应被感知为"不适当"时,该区域就会被激活,这也是当人感到疼痛时会有反应的区域。与此同时,**前额叶皮层也显示出活动**,这个区域负责调节由于社交排斥而带来的压力。将这些结果与慢性疼痛患者的结果进行比较,研究得出了一个突破性的发现:身体疼痛和自我调节的脑部活动几乎相同,这表明**身体和内心疼痛的神经机制之间存在因果联系**。换句话说,**社交排斥真的是一种痛**。社交排斥有很多实例。从幼儿园和小学开始,我们可能就因为"不正确"的性别、肤色或家庭背景被排挤。在学校里,如果一个孩子的行为不符合规定,就会被送出教室、送到"休息室",这种教学手段如今也屡见不鲜。**而霸凌事件从学校到职场都存在着**。那些感受尤为丰富、对不寻常事感到害怕、拘谨、孤僻、爱哭或总是"反应过激"的人,即使他们只是在做自己,也会受到社会的排斥。他们会收到不被认可的信号,这首先违反了他们作为人类归属群体的本性。其次正如艾森伯格的试验所证明,这种情况会让他们感觉像是被扇了一记耳光。

然而,社交排斥的影响不止于此。被社会排除在外,实际上是系统性地拒绝了镜像神经元的镜像行为,**这已经被证明会产生神经生物学上的影响**。毕竟,我们通过镜像行为会本能地表达出将他人视为社会意义空间的一部分。

在这个空间内，我们人类有机会进行自己认为基本可行的行动。因此，这些是无声的、本能的地基，会进一步影响直观理解。一个群体中的个体所做或所感，都会在我们内部引起共鸣。（只有）从这里才会产生"灵魂沟通"的感觉，或至少是对他人的直观理解，即我本质上与他人一样，其他人也与我一样。**如果这种镜像行为缺失，我们就会感受到社会孤立，就像艾森伯格所展示的类似身体疼痛的体验。** 从心理学的角度来看，我们身处灾难之中，会导致应激激素释放。这个结论不仅在逻辑上成立，在感性上也是如此：在一个社会意义空间内具有"理解共鸣"是人类最基本、最根本的需求。

"对社会群体的归属感是人类的基本需求。"

可预测性、可计算性都是镜像神经元为我们提供的服务，所有这些都是我们"信任感"的基础。**如果目光被回避，交流被唾弃，手势没反应，问候没回应，表达的情绪或想法被讥笑或拒绝，我们得到的就不是镜像共振，而是心理压力。在某些情况下，如果持续下去，甚至会导致疾病。** 因此，在一个高敏感人的生活中，每当遭遇他人的不理解时，他就会产生一种"局外人"的特殊感觉，这种感觉是反常的，因为他无法像其他人一样感知自己的存在，

并不断地被"镜像"。

如果你和我一样,那么你其实在做妈妈之前早就有过这种感觉,但自己做父母的生活与他人大相径庭让你这种感觉达到了极点。例如,你对孩子感到厌烦,同时又为这种想法而羞愧。或者你在满是陌生人的团体中感到不自在,但你仍然在不断地寻找朋友或是知己,哪怕只有几个人。也许在你的一生中,你总听别人说你是"不一样的",就像雅娜一样,你习惯了格格不入的感觉,更习惯了孤独,毕竟没有人可以与你感同身受。但我在本书中搜集其他母亲的例子是有用意的,每个例子都显示了一种特殊的大脑工作方式、特殊的性格和特殊的情感厚度。她们都在人生的某个阶段,通常是在孩子出生之后感到自己不再属于主流社会。高敏感母亲无时无刻不在感受着局外人的异样,这种情绪伴随我们所有人。我不是科学家,但我倾向于把这一点总结为高敏感人群的第五个普遍特征。

练习:消除局外人的感觉

我要说在开头:这个练习与本书中的其他练习不同。这次不需要再拿着纸和笔自己去解决问题了。想要消除局外人的感觉只有一种方法,那就是走出去,走进其他高敏感母亲的世界。

你可以在网络论坛或社交媒体上寻找小组,在那里谈论你自己、你的内心世界、你作为母亲的生活,以及所有的困扰。聊聊你的想法与感受，体会你就是你的感觉。局外人的感觉是外界带给你的，而你的生活态度完全可以由自己决定。后者是你可以控制的，但也要学会一步一步改变前者，直到它彻底消失。

另一种方法是寻找和你性格相似的人群所在的体育、舞蹈团体。不要忘了，高敏感人群喜欢参加与精神、哲学或心理相关的活动。在戏剧、瑜伽、冥想、合唱、剧院、志愿工作、环境优美的咖啡厅或其他安静的地方，你都能找到她们的身影。

创造新的共鸣空间

当然，在游乐场、家庭咖啡厅或家长会上，你遇到的其他母亲有的是高敏感，有的则不是。不过，要发现高敏感母亲可能要困难得多。因为她们总会在偏僻的角落里，比起同龄人，她们更愿意与自己的孩子接触，不想被卷入谈话。她们会避免目光对视或大声说话，会和自己的孩子低声平静地聊天，在周围出现情况时紧张地退缩。当你设法放下自己的偏见，跳出评价，用开放和包容的心态面对活动中的未知数时，就能找到她们。毕竟她们和你一样，并不喜欢去这些公共场所，本能地感觉到压力，不愿意一个人待在那里，很想回家。她们有时看起来似乎冷漠而疏离，但实际上她们可能只是在积蓄内心的每一丝力量来撑过难关。

▶ 好妈妈需要高敏感

> "一旦你展现出真实的自我,就能绽放出梦想中的光芒。"

这就是共振法则。因此,在接下来的几周或几个月里,请有意识地将你的注意力聚焦在你遇见的那些特别敏感、细腻、"与众不同"的人身上,在哪里遇见的都不重要。向她们也展现出你相同的特质,不要隐藏自己。大胆地在小组中展示自己,参加一次试听课程,或者先给本地的讨论小组组长打电话,培养对小组的感觉。慢慢来,但要有意识地去做,你的能量就会随之而来。也许很快它就能吸引许多人来你的身边,让你知道即使自己是个局外人,但在这个世界上也并不孤独。我们为什么要觉得自己不正常,甚至是异类呢?

> "为什么更麻木、默默接受一切才是更正确的呢?"

顺便说一句,这种策略不一定会为你带来大量的新朋友。你可能根本不需要新朋友!**更重要的是认识到,你并不是那个唯一的怪人或"异类"**,你也可以得到社会共鸣和理解。如果你展示自己，其他人也会产生共鸣。你们或许会实现双赢，因为你自己得到了认可，也有人通过你感受到了认可，甚至可能会是她们平生第一次呢！

第八章
做母亲的艺术
——坚定自己的道路

高敏感的单身母亲茱莉亚

茱莉亚（Julia）是拥有三个孩子的单身母亲，独立且高敏感。在谈到她充满挑战的日常生活时，我问她靠什么度过每个充满压力的早晨。她回答道："我有很明确的答案，我需要半小时独处时间。我想早点起床，安静地喝杯咖啡，但这行不通。因为只要我起床，三个孩子就会跟着起床。如果我早起，他们也会早起。"

这显然是个进退两难的困境。茱莉亚已经为自己找到了问题的答案，同时也知道这永远做不到。我也没有解决办法，我又能有什么锦囊妙计让三个不同年龄的孩子同时比她晚点起床呢？

我暂时先不去思考解决办法，而是继续和她聊自己的需求，也就是希望每天腾出几分钟的独处时间。所以我接着问她，是否有可能找到其他的时间段？她摇了摇头，表示几乎没有可能。她解释说,自己早上 9 点开始工作,最晚在下午 1 时就要开车去接孩子或者回家。如果她比任何一个孩子回家晚 2 分钟,都会受到很大的抱怨,因为他们肚子饿了,因为他们等了很久。茱莉亚的状况很复杂,不容易解决。这一点我很清楚。她是一位有魅力的母亲,为孩子们付出了一切,全心全意地爱着他们。但就像与我聊过的其他高敏感母亲一样,她犯了一个错误——**忘了好好对待自己**。我们渴望并要求自己完全了解、完全尊重孩子的所有需求,但有时却忘了自己。我们往往需要花费大量的时间和精力才能意识到,以需求为导向的家庭结构也意味着重视每一个人的需求,包括你自己。你的需求可能是多种多样的,例如像茱莉亚一样只想每天安静地喝几分钟咖啡,或是想在晚上和朋友出去,因为你很久没有这样做了。

> "家庭还意味着互相分担不可避免的强加之物。"

在合理的范围内,要尽可能平均分配。家庭经济类的工作负担自然只能分配给成年人。但有时某人需要独处,无法与他人共处之类的负担其实也是可以让孩子承担的。同时,安慰、陪伴带来的心理负担也完全可以由其他家庭成员分担。

负担无处不在，家庭生活不仅仅是阳光沙滩，管理一个家庭也不总是那么容易。尤其是将所有人的需求都纳入考虑、排列优先级时，情况就更复杂了。因为当一些参数根本无法改变时，又怎样让所有需求都得到同等满足呢？一天只有24小时，你的精力总会耗尽。

茱莉亚无法将很多重大的责任分配出去，因为没有人可以替她分担。她早已接受了自己无法满足所有孩子的需求的事实，也很大程度上放下了因此而产生的负罪感。下一步，我们继续从结构性问题入手，因为如果没有良好的组织结构，一切都没有基石。因此，我和茱莉亚讨论了如何让她的一天迟些开始，将挤出的时间留给自己，而不是回复邮件或为工作做准备。直到现在我也不知道茱莉亚是否曾经下定决心照做。但我记得在我们交谈后几天，她给我发来了一张照片——她已经把孩子们送到了幼儿园和学校，然后腾出了一个上午的时间。不仅自己享受了30分钟的咖啡时间，还拥有了整个清晨的自由。

在以需求为导向的家庭结构中需要重新分配责任

在近10年中，教育、亲子关系、依恋和需求等话题受到高度重视，这是一个多么美妙的时代现象。毕竟这在之前几代人的生活里是很难达到的。

约翰娜·哈尔（Johanna Haarer）是德国著名的医生、作者。她的教育理论深受纳粹主义的影响，辐射力也十分持久。她的《德国母亲和她的第一个孩子》一书直到1987年还在再版，依然畅销。我们的祖父母，甚至父母都遭受过该书教育理论的荼毒。创伤也是代代相传的，难怪那个时代的很多残酷育儿方式（例如"哭能强身健体"，永远不要安慰哭泣的孩子）会影响我们的童年。直到依恋理论为人所知，人们才有理由和依据呼吁幼儿园修订教学法，对学校改革的呼声从未如此高涨。人们都需要改变，至少我们最终在教学法这一项改写了历史。

如今，育儿指南更关注如何以爱和需求为导向引导孩子。我们比以往任何时候都更了解孩子的成长阶段，了解他们大脑的成熟和发展速度。人们从怀孕开始就翻阅各种指南，努力为孩子提供最好的教育和亲子关系，我对此十分欣慰。但对于高敏感的母亲来说，仍有一个巨大的问题。

我阅读过许多指南，也把它们融入了我的咨询之中。它们帮助我们理解孩子是有自己的能力的，而且是与生俱来的能力。这改变了我们对小朋友的看法，让我们真正地注意到他们，接受他们的本我，因材施教。这样孩子会成长为他们自己，非常好。

很多家长也是如此，即使他们无法完全按照指南中的内容严格实行，但也在努力照做。我们的孩子自然是美好

▶ 好妈妈需要高敏感

的、有能力的，值得我们给予安全感、爱、关怀和尊重。但共同生活时依然充满挑战，有时父母们甚至会弄巧成拙。在阅读有关家庭关系的文章后，他们会竭尽全力按照所有的建议和意见实施，但却在一天过后疑惑为何自己没有感受到快乐和爱。**因此我们必须学会谨慎地对待每本指南中的建议。是的，我这本书也是如此。**我们需要感谢每一位撰写这类书籍的作者，这些书对孩子的成长、时间来说非常有价值。但它们仅仅提供了不同的方法或工具，而我们可以抛弃那些太复杂、太难以实施或不适合的内容，认真挑选哪些是适用于自己和家庭的，而且不需要有任何负罪感。

为了进一步解释这是什么意思，我们需要在历史上倒退几步。"依恋"（Attachment）这个词的起源可以追溯到英国儿科医生、儿童精神科医生和精神分析师约翰·鲍尔比（John Bowlby）的依恋理论。早在20世纪50年代和60年代，鲍尔比就与他的同事、美国发展心理学家玛丽·安斯沃思（Mary Ainsworth）共同对依恋理论进行了研究，该理论至今依然在科学界备受推崇。在这一理论中，他通过科学研究证实了自己的理论思考，并融入了全新的生物学和神经生理学的认识。他在20世纪70年代和80年代将自己的研究成果集结成"依恋三部曲：依恋、丧失、分离"（Attachment and Loss：Attachment，Loss and Separation）系列。他的依恋理论至今仍是许多关于婴幼儿早期发育现代研究的基础。

第八章 做母亲的艺术——坚定自己的道路

鲍尔比将依恋理解为两个人之间的亲密情感关系。他认为，与他人建立联系（亲密关系）是人类与生俱来的基本需求。这种基本需求以及连带的对依恋的不断追求会一直持续到老年，从而影响人类一生的发展和行为。

婴儿生命中第一个亲密情感关系是和其主要依恋对象的关系，即在婴儿期关系最亲近的人，通常是母亲或父亲。依恋理论指出，这种最初的依恋会在儿童身上留下特别深刻的烙印。**孩子与主要依恋对象形成的依恋关系会在 1 岁时成为模板。**也就是说，这是孩子的一种参照系，孩子不仅能够从中学到自己如何积极地建立亲密情感关系（潜意识层面，因为意识要在很久以后才会出现），还学会如何才能与他人建立起这种关系。然后，孩子就会自动把潜意识中学到的行为应用到今后与其他人的亲密关系中。用科学术语讲，这种（关系）经验的内化也被称为"内在工作模式"。最初的依恋经历对儿童非常重要，因此，鲍尔比进一步研究了内在工作模式受到不同的依恋质量与模板影响时会有哪些不同类型与行为模式。

再明确一下，亲密关系、依恋关系不是突然出现的，也不由单方面形成，而是通过双方一次又一次互动才定型的。例如，婴儿通过哭泣、尖叫、与父母接触、跟在父母身后爬行或感到被理解时作出反应来表现对事物、安全感和安抚的需求。这是孩子出生之后就表现出来的依恋行为。因为照顾者的关怀和支持是孩子生存的保障，所以孩子从一开始就试图建立起依恋关系。我们已经知道依恋是

▶ 好妈妈需要高敏感

人类的终生需要，那么父母显然也会作出反应，试图建立自己的依恋，而不同的人会有不同的方式和反应。现在令人兴奋的点来了——鲍尔比和安斯沃思发现，依恋关系总会发展起来。在进一步的研究中，他们区分了不同父母与婴儿在互动中产生的不同依恋模式。需要强调的是，不存在"无依恋"的孩子，只有质量和模式的区别罢了。

说回我们的指南。各种指南也对依恋特质进行了深入探讨，围绕鲍尔比和安斯沃思的重要发现进行了大量的研究和调查。然而，在近几年"依恋育儿"（Attachment Parenting）运动中的一些依恋理论有时会趋于教条化。例如人们会觉得母乳喂养才是健康育儿的唯一方法，而婴儿车会让孩子缺少亲近感，有距离感。这些与依恋理论研究成果相去甚远的话题冲淡了教育学本身的价值和目标。老实说，新型袜靴之类的网红母婴用品又有什么教育学依据？

鲍尔比和安斯沃思在一系列大型研究中证明，两个人的依恋关系质量受到依恋对象的敏感性和可靠性影响。敏感性指的是依恋对象对孩子的信号高度关注，能够正确理解并适当反馈。如果父母对孩子的反应敏感，就能建立成功的沟通，让孩子感受到自己被理解了，并且需求得到了适当的满足。这样可以形成一种良好的关系，最终稳定成安全的纽带。可靠性是指孩子的需求多次、有规律地得到可靠的回应。因此，依恋对象与孩子的相处方式对依恋模式起着决定性作用，也是唯一被科学证实的因素。

至于具体"如何"做，例如"母乳还是奶粉"之类的

第八章 做母亲的艺术——坚定自己的道路

细微差别并不重要。满足孩子的需求指的是诸如"饥饿"被依恋对象识别、回应和满足。对孩子来说,依恋对象能可靠稳定地关心、理解,感受会潜移默化地存储下来,建立安全依恋关系的成功率就很高。我亲爱的同事苏珊娜·米劳(Susanne Mierau)在她的博客"安全长大"中如此描述:

> "当我们感知到对方的需求,并根据其年龄作出及时或不及时的反应时,对方就能产生安全依恋。敏感、同理心、同情心、亲近感、安全感等词语都可以很好地描述安全依恋的产生条件。有些工具能够帮助我们更好地察觉婴儿或孩子的需求,并及时作出回应。例如身体接触,当我们与婴儿有肢体接触时,就能比在远处观察更及时地察觉到他们的声音,也能听到更细微的声音。我们能够感受到婴儿的体温,感知到其对温暖的需求;能够察觉到他们的动作,感知到其是否不安、饥饿、需要换尿布或是排便(如果父母选择无尿布训练)。因此,身体接触是一个帮助我们观察的好工具。
>
> 下一步,我们就可以对这些需求作出适当的回应。为此,有必要了解孩子的真正需求是什么、什么样的回应是有意义的。即使只是应

▶ 好妈妈需要高敏感

> 对'饥饿',我们在察觉到孩子的需求时也有不同的应对措施,可以喂母乳,也可以用奶粉。这两种方式都是对孩子需求的回应。只要能够及时回应,就可以符合孩子的利益要求,并让孩子感到自己是安全的、被照顾的,从而更顺利地建立起安全的依恋关系。孩子无所谓'母乳喂养'还是'奶粉喂养',他们只知道自己饿的时候是否得到了满足,只是我们成人常常把这两种形式与依恋关系的程度捆绑上关系,这是错误的。母乳喂养可以促进亲子关系,但奶粉喂养也可以。不同的反应、不同的工具都可以殊途同归地建立起安全的亲子关系。"

我们可以自由选择怎样做。这一点怎么强调都不为过——起决定性作用的是我们的应对方式,而具体的工具不重要。放下所谓的唯一真理、最佳选择或无可替代的工具,我们才能从完美主义的期望中解脱出来。这种自由帮我们逐渐获得自信,并培养出一个高敏感母亲过上宁静生活的必备品质,即拥有设定界限的能力,并信任我们为自己和家庭作出的选择。

然而,很多时候,人们总渴望能够达到所有预设的目标,不犯任何错。特别是那些高敏感母亲,她们不愿意冒让孩子觉得自己不被理解、没有得到真正关注的风险。在孩子的依恋与需求问题上,她们总是对自己要求十分严格,而这些要求会产生不断往复的压力旋涡,等她们意识到这一点时为时已晚。

正因如此,我在多年以关系为导向的家庭生活结构研究中又发现了重要的一点,你在上文也已经有所了解,即家庭责任再分配。我们必须意识到想要满足所有高标准、综合所有指南中的建议实现最优解是一项艰巨的任务。作为一个高敏感母亲,你很快就能发现自己陷入了努力的怪圈。**因为刚刚在本书中读到的一切都让你产生了共鸣,不,是让你头晕目眩,但你却意识到自己还不能驾驭这一切。**你想把一切都搞懂,深入思考理解所有内容。但奇怪的是,读完这本书之后,你的日常生活也没有在一夜之间慢下来,家里也没有变得更整洁,社会也没有变得更有耐心,伴侣也没有变得更配合。换句话讲,你已经从理论上学会了如何用不同策略过得更好,但实际却行不通。你按照指南中读到的方法——我知道你已经读过很多书了——实践一切,真的试验了一切,但可能只会让你陷入危机,让你不安,让你觉得自己不合格。

◇

"问题在于我们这些高敏感母亲总认为改善现状只能靠自己。"

▶ 好妈妈需要高敏感

我们对自己的期望过高，认为自己有责任独自照顾所有人。然而，早在 40 多年前鲍尔比和安斯沃思就已经证明了陪伴孩子、与孩子建立依恋关系需要的不止一个人。

如果认为这项宝贵而重要的任务只能由一双肩膀扛起，那么就大错特错了。我们需要知道，其他依恋对象和我们的孩子一样，有能力也有可能分担我们肩上的重担。

你需要育儿方针吗

"依恋育儿法"，**尊重每个人的需求，注重亲子关系而并非传统的教育目标才是我心中真正适合家庭的幸福方式。**我读过的育儿指南虽然为我提供了所需的知识，但却让我第一次陷入了深深的危机感。我读到的是不要表扬孩子，**在努力维系关系、沟通时必须完全控制自己的情绪，永远不要大声斥责。到头来，我对孩子所做的一切都是错的。**我承认它们没有明确这么说，但因为我有追求完美的野心，不想做错任何事，所以我只能关注到我还没做到的事情。

如今我每天都在与同样想实现以需求为主导的家庭打交道。我发现我不是唯一一个被这类疑虑所困扰的母亲。"你好，我是一名 AP 妈妈（实践依恋育儿法的母亲），但我曾有一瞬间失控了。我是不是永远破坏了和孩子的纽带关系？我给孩子留下了什么阴影？我该如何治愈自己给孩子带来的伤害?"

家庭中的依恋关系给人们能量与力量,对于孩子来说这是一条美好的、充满感恩的道路,这一点我绝不否认。

◇

"但方针绝不是万能药。"

我的(高敏感)母亲在我成为妈妈之前从未听说过这些理论,也没有受到过这种教育。她没有按照任何方针来教育我,只是一直在陪伴。尤其是情感方面,她总是陪在我左右,爱我、保护我、给予我安全感和关注。我记得她犯过一些错误,但我更记得她在收音机里播放喜欢的歌曲,在客厅翩翩起舞。她会张开双臂,好像自己可以飞翔,至少像假装飞翔一样。她会闭上眼睛,随心飘荡。我记得她抱起我,拥抱我,随着音乐的节奏在客厅带我摇摆。我还记得那么多个晚上,她带我去见自己的朋友,我们这些孩子待在一边,不需要早早上床睡觉,只需要陪在一旁。我记得她在圣诞节时敲响小铃铛,礼物都在圣诞树下摆放好,她在游乐场织东西。我记得她头发的香味、哭泣的声音。上学时,母亲就像一头母狮子,总会毫不犹豫地站在我这一边。我童年时的每一个生日对她来说都可能是地狱,因为她过度劳累、压力过大,青春期同她的争吵总会带来可怕的伤害和崩溃,但有一件事永远重要——我

▶ 好妈妈需要高敏感

爱我的母亲胜过一切。我从不敢想如果有一天失去她会是什么样子。那么她在没有任何育儿方针、没有读过育儿宝典的情况下教会了我什么？对我们的感情又有什么影响呢？

她走的是适合她的道路，这很好。我不再浪费时间思考过去，也不再试图计较什么，我原谅了该原谅的，学会了放手。今天，我也会和孩子们一起在客厅里跳舞，仅仅出于快乐。我不会把方针当作一种信仰。我爱我的孩子们，并坚信我是最好的母亲——至少对于他们来说是这样。

———————————◇———————————

"收获每一颗果实我都会为之庆祝。犯下每一个错误我也都能善待自己。"

坦白说，我经常犯错，每天都会犯很多错。所有人都会犯错，因为我们是人。我们有情感、思想、价值观和恐惧，这些都会干扰我们。我相信孩子们不需要完美的父母，不需要人生一帆风顺的父母。如果不通过我们，他们又要从哪里习得人性的多面性、为不同的情绪做好准备呢？在安全的避风港中他们可以随心所欲地作出反应，然后我们再一起学会和解。

即使有时我们犯错，不小心说"如果……那么……"，我们仍然可以是出色的父母。这只是家庭生活的一个小片段、一个小插曲。善待自己吧,相信我,这样你也更容易善待他人。原谅自己在无知时、自我标准没有那么高时犯的错,因为你每一天都在尽力做到最好。你可能觉得愚蠢的错误、过度的反应都很可怕,但这就像客厅里的音乐让你短暂放空一样,都只是生活的一部分。

> "你正在做世界上最好、最重要的工作。即使偶尔偏离了职责范围也不会被解雇。"

精力来自注意力,所以我建议不要再因假想的错误而自责。 将你的注意力都集中在美好、美丽的时刻,你的能量也就会随之集中在那里。有意识地把轻松日子中的阳光培养成内心深处美丽而快乐的重要会议。不要因为说话大声或眼神太凶而惩罚自己,要不断相信和孩子在一起的时间就是最美好的。这也是你想要传达的信息——即使在糟糕的日子里也要专注每一个幸福的瞬间,跳舞、唱歌、笑,沉浸在孩子的笑声中吧。要知道,有光明就会有阴影,有轻松美好就会有阴云密布。在充满爱的地方时而也会有愤怒或悲伤。孩子并不只能听到你的责备、烦躁,不会的,他们也听到了每一句"我爱你";看到了自己在上了一天学之后你眼中的亮光;会把你的"晚安,做个好梦,我爱你"刻在心底；你的"我为你骄傲"仍在他们耳畔回响很多年；记得你们一起开心玩耍的笑声、讲故事时的温馨、聊不完的天和遇到困境时你的陪伴；看到你为他们在幼儿园和小学向老师替自己辩护，在不公平的时候保护自己。他们把珍贵的时刻都储存起来，让自己感到被理解、被看见、被爱和被保护。这一切凝聚在一起，只要你相信这不会被一次失误、一句愚蠢的话轻易推翻，那么它就是难以被撼动的。

我相信你能在这种平衡中受益非凡。因为有一件事是肯定的——无论有没有育儿方针，你就是你，你很好。

练习：培养信任

这个练习可以帮助你培养对自己和所做决定的信任。同样，如果你愿意的话请花几分钟时间拿出纸笔。自然，请首先将注意力集中在你已经拥有的资源上。

问问自己：

- 迄今为止作为母亲与孩子相处时，我是如何面对困难的？
- 是什么帮助了我（何种态度、想法、结构、支持）？
- 什么可以帮助我增强对自己和孩子的信心？
- 我现在可以信任什么？

写下你想到的东西，尽可能用包容和欣赏的眼光看待自己。

接着问问自己：
- 那些不像我一样焦虑的人会怎么处理这些事？
- 好朋友会如何建议我（如果你觉得自己有足够的能力，也可以问自己一个非高敏感的人会如何建议）？
- 如果朋友处于这种情况，我会如何建议他们，帮他们相信自己？

这里可以多花一些时间。最后我想请你设想一下自己孩子成年后的景象。

问问自己：
- 那时会如何看待今天的困难？
- 回想到今天时，我会有什么样的感受？

感受生活的美满与快乐，停止对自己和家人的批评，你内心的声音与态度也会随之改变。集中你的资源，相信你每一天都会从新经历中汲取新资源。相信现在的你已经是最好的你，你的性格和天性不会宠坏孩子或家庭。仔细想想在 25 年后回想今天时，你希望拥有的是什么回忆，然后将这种想法转变为现实。要对自己的选择充满信心和信任，要知道你会成为孩子的一切。但更重要的是，你会是一位伟大、慈爱、有力量的好母亲。

高敏感的父母和孩子——充满惊喜的组合

高敏感是由基因决定的。虽然目前还有一些研究正在

▶ 好妈妈需要高敏感

探究高敏感是否也因幼年创伤形成,但尚未得出结论。即使这些研究得到证实,也只会涉及一小部分高敏感人群。当一个家庭走进我的咨询室,想了解如何应对孩子需求的挑战和旺盛的情感,我的目光会自然而然地转向父母。我们需要确定是否有高敏感的父母,具体是哪一位。实际上,高敏感父亲通常会表现出与高敏感母亲完全不同的行为。角色和性格刻板印象在我们内心仍根深蒂固,即使你认为自己已经克服了这些问题,但曾经形成的性别模板和社会影响依然存在。

因此,高敏感男性通常会隐藏自己的倾向,经常将诸如愤怒、控制之类的强烈情绪推到他们内心团队的最前线。他们更倾向于观察外部,并很少在潜在的家庭问题中发现"罪魁祸首"是自己。我还经常在他们身上观察到另一个特点,即与非高敏感男性人群相比,他们更容易患病。当他们不能通过情感表达自己的高敏感性(因为社会要求男性严格、坚强而不能分享自己的想法、不能流泪、不能表现出弱点)时,他们的身体就会作出反应。需要再强调一遍的是,我们无法抛弃高敏感性,也不能让它离开我们,祈祷也无法让它消失。它存在,并且将一直存在。那些从未允许自己与之共处的人甚至会遭受严重的生理、心理后果。最后一点,并非只有女性受到了社会压力的影响,男性也是如此。性别模板是一个严重的问题,至今仍对我们产生很大的负面影响。它们打开一个个鸽笼,将人困在里面,高敏感的父亲会感到尤为不适,因为世界对他

第八章 做母亲的艺术——坚定自己的道路

们的期望通常违背自己的天性。由于他们深刻的思考方式、快速的理解能力和内心的批评家，他们常常发现自己生活在痛苦的鸽笼里。他们将"敏感性"这个词视为威胁，不愿与之友好相处。他们更愿意听到结论，听到自己应该做什么，即使事实上什么都不会改变。

很多人因为敏感性在别处寻找出口而遭受了身体或心理的困扰，他们会觉得焦虑、不安、经常超负荷。这些男性或女性缺乏自我调节的策略，原因也往往隐藏在童年之中。童年时期的男孩从不哭泣，他们是坚强的，像印第安人一样不知道痛苦。隐性的"别这么娇气"塑造了他们的沟通方式，难怪成年后的高敏感父亲们很难从镜子中发现自己细腻的一面以及个性中的许多优点。

我也觉得这些事情很难一概而论，因此我想明确指出高敏感男性和高敏感女性一样，不能用统一标准衡量。毕竟在我们的生活中有许多因素会影响一个人，不仅有我们的个性，还有教育、社会化、干扰等互相作用。然而，**如果一个男性从来没觉得自己可以展示细腻又复杂的内心世界，只是受到了规范和规训的影响，那么当一个高敏感的孩子到来时事情就会变得复杂起来。高敏感的人在孩子身上看到了一面镜子，但他们连考虑去照一下都是不被允许的。** 在高敏感的父母和高敏感的孩子之间存在着许多挑战，值得单独写一本书。因此我们在这里只讨论高敏感母亲和高敏感父亲的一个共同点，而这一点可能会影响他们与自己潜在高敏感孩子之间的关系，即情感世界的大融合。

▶ 好妈妈需要高敏感

情感世界的大融合

所以让我们最后一次深入探讨那神奇的镜像神经元世界,它们促成了人际关系以及人与人之间的共鸣。在"划界与共情"一节中我们已经了解到镜像神经元作为人类社会的定向系统,传递着我们对他人的情绪与情感,尤其影响我们感受感情、爱人。约阿希姆·鲍尔(Joachim Bauer)将爱的"状态"描述为控制机制的彻底失灵,而大脑中的镜像神经元在我们不断将他人映射在自己内心的过程就是这样,同时,人们也更难区分自我与非自我。因为爱是一种异常强烈而又神奇的神经生物学与心理共鸣的形式。

> "爱会引发我们内部神经网络的强力激活,以镜像的方式让我们感受到对方当前所感受到或被触动到的情感。爱的奥秘似乎就在于那种与对方产生自然共鸣的艺术。"

值得强调的是,上述描述的过程与一个人的气质和天赋无关,无论是不是高敏感人群都会经历。但通过我们前文所介绍的内容可知,这种能力在高敏感人群,尤其是高敏感父母身上可能会被大幅增强。

能够与他人产生共鸣,真正感同身受很大程度上造就了你。然而不幸的是,在与孩子共同生活的过程中,有时这会成为一个弊端。在日常生活中某个绝望、无助或紧张的情景中,你会感到自己空虚而又充实。当你情绪沉重,好像有一块沉重的货物压在肩膀上时,你的思绪也随之停滞了。更糟的是,孩子在这时有情绪了,你不仅仅能与他共鸣,甚至会替他感受。反过来的情况也会发生,于是你们突然会相互激发情感。

◇

索拉雅(Soraya):"说实话,有时我都不知道什么是我的感觉、什么是他的感觉。哪里是我的边界,哪里又是他的。问题是出在我身上吗?还是他?还是我们都有问题?我现在一团糟,只想尖叫着逃跑!"

能够感受并读懂所爱之人情绪的天赋以及愿意被触发产生共鸣反应的意愿就像坐过山车一样刺激。因此,高敏感的孩子和父母既无法抓住对方,也无法放慢速度相互理解。

高敏感孩子与父母的组合充满了惊喜,我们也不能低估高敏感造就的孩子。是的，他们在压力下充满困扰，总有情绪，但他们的直觉很准。大多数情况下，我们的高敏感孩子在认知和情感层面上都远远超前，显得比其他孩子更加成熟智慧。也正因如此，当他们处于情感爆发的时刻才会完全让我们感到困惑。

　　因为典型的高敏感儿童自主性阶段并不会在3岁就结束。甚至直到青春期，当孩子要面对未知的情感和任务时我们依然会融入其中，感同身受。我清楚地记得在我与第一个男朋友分手后，我的母亲站在客厅哭了起来。然而我们并没有互相拥抱、互相安慰，即使这可能是最明智的做法。我突然无法感受到自己的情感，只是站在那里，一片空白，想知道她为什么哭。这种情绪又传递给了我的母亲，让她陷入了尴尬无助的沉默，直到我们都手足无措地离开现场。到今天我还在犹豫要不要向母亲谈论我的烦恼和恐惧，因为我知道她会与我共鸣并全情投入。现在我已经能很好地区分我们的情感了，但仍然需要很多训练。下面这个练习有助于帮我识别自己的情感，分清什么属于我、什么不属于我。让我们记住：

> "一个'正常'的社会定位空间关键不只在于可以对他人产生同情和怜悯，还在于能够区分自我与非自我，将他人的感受区分开来。"

这一点至关重要，特别是我们在陪伴一个高敏感孩子时，他们对自己的情绪感受要强烈得多，需要在最初的几年里依赖于我们的共同调节（比如安慰）来学会处理这些情感。这是另一个进阶技巧，确保每个人都可以承认自己的情感，并为我们的共同生活带来另一种奇妙的资源。

练习：我的和你的

这项练习最重要的是要学会让自己适时地"STOP（停止）"！你可以吟诵、喊叫、跺脚、拍手、上下跳跃，或者只是在脑海中对自己默念，只要能帮你强化"停止"的意思，那就去做！

站直，大声说出这个词：

STOP！

你很难说"不"吗？或者有时会感到内疚？你很难阻止孩子做某事吗？或是在孩子非常需要自己的时候，感觉自己什么都做不了，因为你没有任何主意？

STOP！

连续说几遍。请记住这不是针对任何人，不是针对你，也不是针对你的孩子。只是为你争取一些时间，让你在困境中重新理清思绪。在你摇摆不定、陷入思考和问题之中、陷入混乱、分不清这恐惧究竟是自己的还是孩子的时，让你冷静思考。

STOP！

STOP！

STOP！

告诉自己做减法。STOP！放下那些想法、疑虑和问题，不要追着它们跑，专注于此时此刻，一遍一遍地听自己说STOP。一旦你觉得能倾听自己的STOP，能集中精力时，问问自己现在是什么感觉，内心的哪个驱动力在掌舵。

当你感觉恢复平静后，将注意力转移到双脚或双腿上。也许在最紧张的时刻，感知你的大脚趾、无名指或腋窝能缓解情绪。这听起来很奇怪，但却能保证将你的注意力直接吸引到这些部位，远离混乱。如果还是没用……

STOP！

大声说出来，不断重复，直到你能再次听见自己的声音。

告诉自己停下来，给自己机会找到新的解决方案

我的儿子非常敏感，每当我问他为什么哭闹或生气时，他总是习惯性地回答"没事"。我能察觉到他言行不一致，我能感觉到别人在对我撒谎，所以我常为此非常愤怒。我的愤怒告诉我，他在说谎，我决不能让他这么对我。我会继续厉声询问发生了什么事，而我的愤怒也转移到了孩子身上，他会咆哮着回答："没事！"

STOP！

在事态升级到我们都开始对彼此大喊大叫之前，我的脑海中就会响起一声响亮的"STOP"，提醒我不要跳起来、摔门、对孩子大喊大叫，甚至做出更为过激的事。

STOP！

我会深吸一口气，然后呼出来，必要时还会闭上眼睛停留片刻。接着我意识到了自己的愤怒与无助，因为他不舒服，而我无法帮助他。我意识到这是我的问题，他有权拥有所有的情感，如果他不想和我说话，他也有权不和我说话，而我的离开并不是在惩罚他。我可能喜欢被安慰，但他可能更喜欢独处。我在脑海中快速思考不同的感受并进行分类：寻求安慰和理解的倾向是我的，而想要独处的愿望则属于他。我要应对的是他不想和我说话的事实，他可以自由决定向谁倾诉自己的感情，这也是我一直在试图教会他的。所以接下来：

STOP！

不要进入精神的旋转木马，不要让你的想法和问题来来回回。这里没有摄影师，不是拍电影，也不是拍教育纪录片。

STOP！

如果你因为他的行为而感到悲伤、失望或无助，那么只有一个办法可以帮助你，那就是找到一个好的倾听者。因为在我们的情感经历中，即使我们是母子，但互相搀扶着渡过难关并不总是最好的选择。有时，发自内心的一声清晰的呐喊可能更有效果：
STOP！

练习：拍打身体

为了让 STOP 更明显，让你回到自己的身体中，可以试着敲打自己的身体。当你被情绪和混乱完全湮没时就可以实践这个简单的练习，它只需要两分钟，完全不受地点、事件和情况的影响。

开始逐个部位拍打自己的身体吧。从手开始，拍打手的内侧和外侧，然后拍打上臂，直到肩膀。你可以用平掌或拳头选择合适的力度拍打。随后拍打脖子和背部，再一直拍到臀部。然后从腿开始，从外侧开始拍打，这里可以稍微用力一些，一直拍打到脚。然后沿着内侧向上移动，通过腹部到达另一侧，再次从侧面开始拍打腿、直到脚。同样，沿着内侧再次上移，通过腹部、胸腔回到肩膀。最后拍打另一只手臂，内侧外侧都要兼顾到，然后回到另一侧的手。拍打几次手，然后观察并感受。现在你感受到了自己身体外围的每一寸，将注意力集中在自己的身体上，感知你的起点和终点。

第九章
失去平衡——高敏感母亲在筋疲力尽时该如何做

筋疲力尽的凯瑟琳

那是2014年6月,我坐在我们公寓厨房的椅子上,手无力地垂在大腿上,光脚踩着冷冰冰的瓷砖。我桌前放着一杯咖啡,手机就在旁边。我透过窗户看向外面,看向那棵古老的白桦树,视线里别无他物。我试着不思考,不感受,尤其努力忽视那种由内而外将我蚕食的疲惫感。

地上放着摇篮,我的宝宝躺在里面,他刚刚停止哭泣,这是他今天早上第一次哭。他躺在那里摆弄自己的手。我的目光落到地面上,落在我的彼得身上。我在想距离他下一次开始尖叫还有多久,也许只有几分钟,也许我都来不及喝咖啡。我想去洗个澡让自己放松一下,让温暖的水流滑过疼痛的头和脯子。而浴室近在咫尺……我坐在这里,时而看看白桦树,时而看看摇篮,试着不听、不看、不感受，但这个忧虑总是萦绕心头。这是一个无解的问题，无法跨越的鸿沟。

我完全不知道该如何离开这把椅子，走向隔壁的浴室。

我的双脚冰凉，没有血色。我的手松弛无力。我的全身只剩下一具行尸走肉般的躯壳。我的内心什么都没有，只剩疲惫。这种无法呼吸的力竭感让我的四肢麻痹。我已经挪不动任何东西，只能移动视线，从白桦树到摇篮循环往复。

彼得又开始哭了，迟早的事，毫不意外。我知道自己没有多少时间坐在这里盯着白桦树发呆，现在结束了。我知道没有人会突然走进来帮我抱走孩子，也没有人会打电话过来问我过得怎么样。我在这里是孤独的。彼得通常不会在我洗澡的时候哭，洗澡似乎让他很着迷。于是我有了计划，我去洗澡，让宝宝看着，至少这段时间他不会哭了。但计划落空，我甚至一小部分都完不成。因为彼得对自己的手感到厌倦，正可怜兮兮地哭着，我的内心已经完全麻木，没有能量，没有力气，没有兴趣，没有动力，我只是一个空洞的壳。我真想离开这里，但不可能。我甚至都不能走到十步之外的浴室，我又能如何改变现状呢？

我需要帮助。需要有人扶着我的胳膊把我搀扶起来走去浴室。但随着孩子的一声啼哭，我知道我必须站起来，必须做点什么，不能继续休息了。不要这样，振作起来。你是一名母亲，你必须有用。这是你的工作。别这样，振

第九章 | 失去平衡——高敏感母亲在筋疲力尽时该如何做

作起来。

于是我开始活动手指和脚趾,感受血液重新开始循环。它们很听话,这是我没想到的。但事实如此,血液循环、供给和氧气都在,我显然还活着。如果我还活着,我就能让这该死的双脚动起来,抬起胳膊站起来……

我哀伤地低着头向白桦树告别,然后把自己从椅子上拉起来。我步履蹒跚,好像在经历有生以来最疲惫的时刻。振作起来,只有几步路就到了……

作为母亲,我的工作就是完成那些该做的事,不管我能不能、想不想,我都必须做,这也包括带孩子去浴室洗澡。当我问自己为什么会如此渴望独处,没有彼得、没有整个世界时,泪水突然夺眶而出。在一个只属于我自己的隐秘世界安静地待着,难道不应该感到幸福吗?但我有一个健康美好的宝宝,可以带他去任何地方,我不也该感到幸福吗?

我最后默念了一句"该死的,给我振作起来",忍住泪水,拎起摇篮。这是新买的摇篮,我的宝宝在里面躺得很放松。

但我还一步都没迈出去,双臂就因为疲惫和超负荷而泄了力。我试图用右手去抓,但失去了平衡。摇篮迅速倾斜到一侧,在及腰的高度撞了一下,然后遵循着重力定律,再一次撞击后猛的摔在地板上。我的宝宝摔在了那冰冷的瓷砖上。

脸朝下。

我一把抱起因生命受到威胁而尖叫的宝宝，然后拨打了急救电话，坐回了床边，再次开始凝视那棵白桦树。我在那里等待、哭泣、抚摸、安慰，然后继续哭泣、呼吸急促、哭泣。仿佛度过了极其漫长的时间，我才听到救护车的鸣笛声。几分钟后，有八名急救人员和一名急救医生站在了我的走廊里。彼得很快恢复过来，不再哭泣，但必须接受48小时的观察，最终幸运地脱险了。但我没有。

我最不想见到的就是这种事情。我缩了起来，感觉糟糕透顶，我的良心让自己难以入睡。我的全身都在大喊着我是个可悲的母亲，我让自己的孩子处于生命危险之中，而且难以保证自己不会再次犯错。我对自己很严苛，甚至考虑过离开这个家，这样我的孩子就不会遭受如此可怕的事情了。我无法入睡，每当我昏昏欲睡时，孩子的脸贴在冰冷瓷砖上的画面就会浮现在我眼前。毫无疑问，这一切都是我的错，我把摇篮打翻了，我摔了自己的孩子。这几乎比我故意把他摔到地板上更糟糕。我非常坚信自己这辈子都做不好母亲的工作了。

至少当时我是那么认为的。但当我在六年后的今天再次回顾那件事，我只有一个问题——当时我已经在厨房累得几乎站不起来，我为什么认为自己不该用手机向别人求助呢？是什么让我在过去的时间里认为自己是孩子的一切、孩子的唯一？如果说我今天还能责怪自己的话，那么我也是在责怪自己与其试图离开那张椅子、去卫生间洗澡，不如直接拿起桌上的手机给我的丈夫、最好的朋友或社会心理服务机构。打电话寻求帮助。

内疚羞愧导致筋疲力尽

回想起之前发生的事,我至今仍感到羞愧。就像所有其他感受一样,内疚和羞愧也是感受的一部分,即使我们很抵触这些情绪。其实我可以不去想这些,但它们真实存在着。我最喜欢的一句口头禅很适于用在这里。

"我的情绪是我的权利。"

是的,我们必须一视同仁地感受它们。但如何感受、如何处理是我们可以选择的。

关于羞愧,尤其是"去羞耻感"的话题,康妮·比萨斯基(Conni Biesalski)绝对是这方面的专家。这位数字游民在她的"活出你的心声(Live your heart out)"项目中做了许多开创性的工作,她的很多视频都致力于消除强烈羞耻感。尤其是她的"30天30个视频"挑战,在一个月的时间里每天拍摄一个视频,谈论一个对她来说非常困难的话题。这对我来说是一个打开视野的项目。

康妮的方法是在人生最困难的阶段拥抱恐惧和失落,

她建议我们不要被这些情绪压倒，而是将它们视为信号，借机深入自己的内心，认清自己的真实需求，而不是让脑中的"广播"循环播放。是的，这需要勇气和训练。需要勇气是因为我们不一定总有足够的力量和资源面对脆弱、发掘内心的宝藏、释放内心的恶魔、走进黑暗的谷底。需要训练是因为这种策略可能在第一次时并不"奏效"，尤其是涉及孩子时。但其实羞愧感阻止我们满足个人需求，内疚只会强调消极的一面，让我们感到孤独和孤立。让一个高敏感母亲和她脑内的思绪风暴独处并不是什么好主意。如果说被压垮的感觉可能源于纯粹的无聊，那么未经过滤的内疚羞愧等大量（负面）想法更是雪上加霜。

这一切导致的结果就是让人筋疲力尽，甚至我们会为这种疲惫而羞愧。因为其他人能做到，而我们似乎却不行？明明一整天都待在家里，但我怎么这么累？

答案是你一直在不停地思考，这让你疲惫不堪，因为大脑会让你失去理智。也许你也像我一样认为自己没资格寻求帮助，因为必须一个人扛起母亲的责任。如果我能回到过去见到厨房里的自己，我一定会帮自己卸下肩上的重担。

也许读到这里你会想起曾经的痛苦，所以请抛开所有其他想法。这里有一件事对你和未来几年的母亲身份都至关重要。

第九章 失去平衡——高敏感母亲在筋疲力尽时该如何做

> "高敏感不是你的敌人,恰恰相反,它是你的朋友。"

问问自己的内心,在你的手机联系人中谁是可靠的、谁是可以信任的?也许是你的母亲或丈夫,也许是你的心理教练、咨询师或最好的朋友。也许你会想起从前有一个人总让你感到有密不可分的联系,现在想要重新联系一下。或是你认为在这种紧急情况下和他们联系对你有益。你和自己的内心并不是问题的根源。你只是一个更需要宁静的人,与他人交谈更困难一些。

你需要更多的自我、更多的休息、更多的独处。最好不要和他人比较,专注在更重要的事上,孩子需要的不仅仅是你一个人,他们需要更多的依恋对象。而你也是!一旦孩子的需求不再只分配给你一个人,你就能释放出资源和能力,让孩子感受到安全感。

你的孩子的确需要你,需要你的爱与关注,这毋庸置疑。从孩子的角度来看,你是无可替代的。而且即使他人帮你分担照顾孩子的责任,你的地位也不会改变。当你将孩子的需求分给更多人时,你就能更好地满足这些需求。因为,首先,只有这样你才有能力满足更多的需求。其次,你还可以利用空闲时间好好照顾自己,照顾自己也就是在照顾孩子。所以不要把仅剩的一点儿精力用来一遍遍咽下自己的求助，用它来打那通电话吧。在人生的艰难阶段，打电话寻求帮助或许是最好的选择。

练习：积极寻求帮助

这有点儿像学走路，一只脚在前，另一只脚在后。先从那些你确信永远不会拒绝你的人开始。不，这不是剥削，不是在要求人家做不人道的事情，也不是要人家仅剩的一件衣服，而是让你信任与珍视的人走进自己的生活。从小事做起，如果对你有帮助，就给予回报。你可以给朋友打电话问她是否已经去过超市，如果还没有，就拜托她帮你带点东西，这样你就不用拖着孩子去超市了。也可以问问丈夫是否可以每周提前一天回家，或帮你多照顾一下宝宝。这可能对你来说特别困难，毕竟这样一来似乎给丈夫和宝宝都添了负担，因为他们离开了你。但相信我，熟能生巧。父亲也需要和孩子共度宝贵时间，他们可以进行大量的情感交流。也许你都想不到他们会用多么特殊的方式来享受这些时光。

给自己的父母打电话也会有帮助。如果你们关系融洽，就请他们来喝杯咖啡，顺便从面包店带点蛋糕，这样你就不用自己烤蛋糕了。哦对了，还可以要求他们不要对地板上的污渍评头论足。

| 第九章 | 失去平衡——高敏感母亲在筋疲力尽时该如何做

做自己的知己

提升自我是很辛苦的事，有时会非常痛苦。一周之内你是否已经经历了挫折？你是否已经认真实践了某个练习，感受到了内心的变化？你的内心可能会翻腾不安，有时甚至会感到疼痛。但除了休息和安慰之外，也没有什么能帮到你了。

最好的安慰来自其他有共情能力的人，他们真诚、会倾听且能够给你时间。坏消息是当你需要他们的时候，他们不一定总是有时间。而好消息是，你自己就可以做这样的人。

练习：环住手腕

伸出左臂，掌心朝上，将右手放在左手腕上。闭上眼睛，感受触摸的温度。现在用手指环绕手腕，停留片刻。如果你喜欢还可以适当增加压力，将手腕握紧一点儿。试试今天握手腕的力度有多大。你也可以转动手臂，将手掌向下或将手臂拉近。至少1分钟后再松开手腕，每天重复几次。无论何时，只要你需要，都可以做这个练习。你也可以挤压自己的肩膀或完全抱紧自己的上半身。闭上眼睛，平静地呼吸，让温暖和宁静包裹自己，有意识地将注意力集中到一只手或与另一只手接触的部位。你可以重复握手腕的动作，这个小动作没有人会注意到。用这种轻压的方式让自己聚焦在自我身上，平静地呼吸、冥想几分钟，很快就会有一种不再孤独的舒适感。无论何时何地，只要你愿意，都可以这样提醒自己时刻保持舒适。

自我批评产生的负担——萨穆埃拉

现在是10月，萨穆埃拉正坐在我面前。她联系我是因为她的儿子已经在幼儿园适应了9周，但进展十分缓慢。海科（Heiko）是个独来独往的男孩，不太合群。萨穆埃拉很信任其中一名老师，觉得她能很好地照顾儿子，但对其他老师——嗯，不太行。她注意到其他人对孩子们的态度有点儿粗鲁，儿子在这种交往方式下有点难以融入。萨穆埃拉花了将近30分钟描述她和儿子的遭遇，我十分震惊。一次，儿子哭着跑到了等候室，却没有人注意到他，也没有人找他。她曾多次尝试沟通，但都被拒绝了。有一天下午她在给孩子穿衣服的时候无意中听到一位老师在大声议论某个家庭。总之这一切让萨穆埃拉无法忍受，她也不知道该怎么办才好。

但是萨穆埃拉觉得自己可能也有责任。她现在已经生了第二个女儿，但她没有把孩子送去托儿所。她觉得自己也许不太稳定，总能察觉到别人根本看不见的事情。在家

第九章 失去平衡——高敏感母亲在筋疲力尽时该如何做

里与丈夫交谈时,丈夫总是说那里的老师也很忙,对海科可能没有那么糟糕。她现在也不知道还能向谁求助。

  我咽了下口水,意识到错不在她,除了在适应期的某个阶段她失去了对自己的信任这一个问题。她被内心的声音煽动着,认为是自己错了,她过度反应了,把小事夸大了。正如我一开始所说,她的认知出现了偏差。因为作为客观的旁观者,我能清楚地感知到这个家庭的痛苦。海科从早到晚紧紧黏着母亲,大家都睡不好觉,早上去幼儿园的路上眼里总是充满了泪水,并且常会胃痛。原本那里应该是让孩子感到安全的地方,让母亲也能安静从容地度过一个上午,如今她却完全不敢再次尝试。萨穆埃拉是一个非常懂得沟通与尊重的女性,一向坚强又踏实,现在竟然不敢按照自己的感觉和需求行事,不敢进行早已迫切需要的对话和最后的尝试。这一切都源于一个感觉——她觉得自己太愚蠢了,竟然无法适应将孩子送入幼儿园的过程。她的逻辑开始剖析每一种情感,然后再仔细研究为什么这些情感都是错误的。在她看来,自己是那个夸大其词、拒绝配合和需要尽快改变才能不影响孩子的人。她内心有强烈的自我批评和对新生活挑战的高要求,这些封锁了她的直觉与常识。她看到的一切都是自己的失败。

▶ 好妈妈需要高敏感

难以满足过高期望的感觉

高敏感母亲很容易心神不宁，怀疑自己的决定（如果已经作出决定的话），会长时间权衡但总得出相同的结论——她们不够好，不符合（环境、孩子或自己的）期望，也无法承受由此产生的压力。在她们的脑海中，一个负能量的批评者在不断低声说着攻击性的话语，让她们无休止地猜测、伤害并怀疑自己。

与正面暗示不同，这方面没有什么可以解决或改变的东西，除非你想要切除一部分 DNA。对自己不断产生怀疑、批评、自我折磨，总是想"但是"或"我已经尽力了，但无济于事"都是高敏感人格的固有组成部分。但有一点需要强调，高敏感人群不是一直在寻找负面的东西，他们只是很难发现好的一面。我希望有一种神奇的方法可以给予高敏感母亲自信与自尊，但直到今天还没有找到，不过仍然有方法和途径可以训练、加强并建立自信。

神经科学家和心理学研究者格拉日娜·科昌斯卡（Grazyna Kochanska）发现，一个人的道德意识完全是通过榜样的力量自然形成的，依据榜样将世界分为"对"或"错"，"有价值"或"无价值"。而且这与自尊完全不同，自尊的发展和表现部分依赖于外部的推动力。这意味着如果想要获得他人甚至自我的价值肯定，总需要获得来

第九章 | 失去平衡——高敏感母亲在筋疲力尽时该如何做

自外部的反馈。

伊莱恩·阿伦（Elaine N. Aron）是第一位提出"高敏感度"这一话题的心理治疗师，她通过自己的心理教育指南让广大读者了解：

> "高敏感儿童的自尊是如此易碎，因为他们总在经受残酷的自我批评。"

以及：

> "高敏感儿童总在透彻地反思自己的错误，所以他们通常不需要批评，因为他们已经在惩罚自己了。"

因此可能从一开始你就有自我批评、苛求自己的倾向。现在你已经为人母，整天都会得到他人的反馈，早上一眨眼的工夫就已经有人在对你微笑或对你的衬衫吐口水了。你的一举一动都会受到评论，而且那些言语通常不太友好。你全心全意地付出，经常累得筋疲力尽，但孩子却对此不感兴趣。他表达了他的需求，然后你就必须采取行动。你可能觉得自己在马不停蹄地犯错……然后邻居还会来问你，你家孩子是否能睡整觉，或者建议你放松，只有这样孩子才会放松……

  然而，是萨穆埃拉的身边人认为她已经"快撑不下去了"，不是她自己感觉如此。尽管这是她得到的反馈，但这并不是她和海科所感受到的。实际上她的感觉早早就告诉她有些事情不对劲。然而，她在绝望地寻找外界的倾听时只得到了完全错误的反应。如果你一直听到外界告诉自己"你疯了"，慢慢你也会相信，而这正是萨穆埃拉面临的最大问题。如果她一开始就信任自己的感觉就能避免很多问题，但她没有，反而把批评放在心上。不光是外界的批评，她内心批评者的伤人言论也驱使着她、推动着她、鞭赶着她，而且不幸的是这些评论将她赶到了一个无法接受的处境。然而，内心批评者的一个特质就是它永远不会安静下来。即使在我们认为该就此停止时，一个"但是"依然会幽幽地从背后悄然来临。不过这也是萨穆埃拉的幸运之处，因为这一切最终将她推向了我的怀抱，因为她想以某种"完美"的方式完成所有任务，这个力量会驱使我们前行，通常也能保护我们。

> "习惯质疑、留心，小心仔细，不会过早松懈，不麻木，不半途而废。这些都是你的天性。"

正因为如此，你可以大胆地抛弃对自己的高要求，也拒绝外界对你不断灌输的高要求。你可以相信自己，相信自己内心的期望永远不会让你成为一个伤害孩子的噩梦母亲。这不是你的本性。你总想为孩子做到最好，这才是你。你可能并不总能感受到这一点，你在压力重重、刺激过多的日子里很难表达出来。但那些时刻你需要的是安慰、宁静与理解，绝不是负面的批评。因为希望明天不断进步的雄心深深植根于你内心，从出生时就存在于你的DNA之中。

一旦你接受"合格"就可以、"完美"并无必要之后，你就有机会坦然地享受每天的生活，与你的大脑和你的家人享受幸福家庭生活。

练习：大脑中的启发者

很好，很好。内心批评者似乎是你头脑中一个异常洪亮的声音。你知道吗，我的大脑中也有。比如当我在写这本书的时候，它就一直窝在我的脖子上呼呼大睡，用最丰富的色彩向我描绘写书会有多不顺利。但还有一个声音，我认为更加重要。

你可以学会改变批评者的用词和语气。比如我在脑海中创造了一个慈爱的声音，每当内心批评者开始指出我的错误，指责一切都是我的错或是我搞砸了一切时，它就会介入并怜爱地肯定我的自我价值。它总是对我说动人的话语，对这个世界充满感恩。最棒的是，它可以不断复制，你可以现在就开始设计自己的启发者。

首先想象一个你作出违背自己意愿反应的场景，也可能是冲突发生后你在自责。回忆一下当时的情景，如果可能的话试着俯瞰全貌。问问自己：

- 这到底是怎么回事儿？
- 这种情况是怎么发生的？我为什么会作出这样的反应？最可能的原因是什么？
- 这种情况让我收获到了什么？
- 现在我看清了一切，今后我还会以同样的方式作出反应吗？

写下一些领悟后的积极的句子。例如，如果你曾对自己的孩子反应过激，你可能会写下那是因为自己没有休息好，而非自己是个可怕的母亲。或者如果你在与家庭成员的冲突中感到了伤害，然后责怪自己，你的领悟可能是这并不全是自己的错，你也不必承担这个责任。又或者当你向一个无法理解你的人寻求建议时，那么就写下未来向更能体会自己的人寻求帮助。把这些答案写下来，让它们成为你心中的启发者。当你的内心批评者一直在说"还可以做得更好，你需要更加努力"时，你的启发者可以温柔地轻声说：

"你值得更好的！放开自己的枷锁！"

| 第九章 | 失去平衡——高敏感母亲在筋疲力尽时该如何做

开始说"是的,没错,而且……",而不是"是的,可是……"。多积极耐心地说"好的……",而不是"不"。重新规划你的内心声音,很快它就能成为你的贴心顾问,安慰你、鼓励你,增强你的力量。你们将无往不胜!

第十章
现在做你自己

学会积极看待自己

你特别擅长什么？你发现自己有哪些天赋？你有特别敏锐的感觉吗？你的听觉异常灵敏吗？你能马上感觉到别人后知后觉才注意到的东西吗？你的嗅觉特别灵敏吗？你经常感到害怕或有危险吗？

我们戴着眼镜看世界，每个人都是如此。例如，当我和孩子们在一个封闭空间玩耍时，当我睡得太少或因其他原因疲惫时，我的听觉就会特别灵敏，而这种感官发达对我而言是一个巨大的负担。任何噪声都会让我感到全身触电，难以忍受。如果不能马上安静下来，我只能戴上耳塞。我永远也无法完全关闭这条通道，只能通过外部借力或有意识地运用策略来实现放松。

重要的是，我知道自己的感知通道很敏感。有一天我用到了以上问题来审视自己。我的敏感特质体现在哪里？

哪方面特别明显？我既没有对此感到高兴，也没有伤心。我与构成自己的方方面面谨慎相处也会让我对自己有更深的认识，仅此而已。对自己的优势、能力和资源进行简单的列举与评估，如果你愿意的话也可以对弱点做同样的操作。这些简单的问题都蕴含着巨大的力量，它们让你真正了解自己。

你有多了解自己？你是否依然认为自己没有适应能力，只是碰巧安然无恙地存活了下来？你是否已经意识到自己的听觉异常敏感？或是你忽视了这一事实，拒绝承认自己一直超负荷了？你是否只关注自己的弱点，因为全世界都一直在告诉你"你很怪"？或者你是否已经意识到自己内心有一种巨大的力量？当我们还未意识到的时候，就会忽略重要的细节。

各行各业都有专家，艺术家、手工艺人和特定学科的教师等都有一个共同点，就是他们拥有独特的个人优势。艺术家能完全沉浸在艺术中，创作出美丽的画作。助产士可能不喜欢画画，但可以坚强有力地陪伴分娩。我们不会说助产士不好，因为她不太会画画；或是告诉艺术家他不够好，因为他不会助产。这种想法或许依然存在于你的脑海中，现在可以将其抛弃掉了。同样的道理适用于做母亲：也许孩子的生日派对让你倍感压力，你觉得必须办得和其他家庭一样好，最好是一个人搞定。只有这样你才是一个好母亲，孩子才不会有任何缺失。然而你的孩子只是想要一个美好的生日派对，而不是想让你不惜一切代价。

▶ 好妈妈需要高敏感

谁说只有奶奶或是面包师做的蛋糕才可以？谁说 20 个人的大派对就比亲密朋友的小派对更好？为什么不可以订比萨外卖，就因为面团不是自制的？解脱自己，摆脱这些外部强加给你的要求，这些要求在贬低你，甚至不能让你展现出自己真正的才能。展示出真实的自己吧，做自己，成为你和孩子想要的人。

如果你对自己满意，作出了真正有益自己的决定，能在自主决定中找到激情与快乐从而发挥出自己的潜能，那么你就不会感到筋疲力尽。**让孩子的生日充满爱是许多母亲的能量，但我不行。我的力量在于撰写这本书。但这绝不意味着我孩子的生日要过得糟糕。你的标准与期望由自己决定，与他人无关。**

◇

"毕竟无人有权左右你的生活。"

为自己作决定。一步一步学会放下要求，让自己的感受与内心信念合二为一，体验新的自己。那个你爱的、能为自己和孩子挺身而出的自己。

第十章 现在做你自己

> "如果你能坚持 365 天,那么这一年该有多美好。"

让我告诉你一些事实的真相——**客观地认识到自己的优缺点并不会马上带来快乐,没有人会给你奖励或一张成绩单,又或者从明天开始帮你管理家庭**。你要了解自己,但可怕的是,短期内什么都不会发生,但几周或几个月后你会找到自己、观察自己、了解自己。在这个过程中,你会突然意识到究竟是什么让你完全失控。你看到自己对孩子咆哮,但几分钟后才意识到让自己发疯的不是孩子,而是你所处的环境和一天中听到的太多要求。

是不是太热了?太冷了?你上次吃东西是什么时候?上厕所了吗?你有片刻的休息吗?你在何时和一个认真倾听、不会打断你说话的人交谈?你站了多久,睡了多久?要意识到你和你的个性并不是一个错误,你需要时间来准确理解自己擅长什么、不擅长什么。

第一步就是在这个过程中给自己一些时间,这对你来说很重要。以开放、友好的态度不加评判地面对自己。你不必幻想任何事情,也不必憎恨任何事情。只需要记录下它的存在。

▶ 好妈妈需要高敏感

沉浸在美与快乐之中

你经常沉浸在美妙之中吗?你经常沉浸在快乐之中吗?你有多少次能完全脱离周围环境,进入一种像在云端飘浮的感觉?在日常生活中会有这种体验吗?是的,我向你保证,这比你想象的要容易得多。

我认为美好对每个人来说都是不同的,但被美好包围对每个人都很重要,尤其是作为一个高敏感的人。因为你比任何人都更需要它,需要美学、温柔、日常小事中的美好与珍贵。美能让你整个人以一种特殊的方式充电,因为你可以以一种特殊的方式对它作出反应。你享受着日落与彩虹的魅力,雨滴为你奏乐,阳光温暖着你的肌肤、头发和灵魂。这些微小的时刻将你的生活变为镶嵌着宝石的马赛克,让你由内而外闪闪发光。这就是为什么你一天也不能离开美。你需要美景、大自然、星球奇观、难忘瞬间、光影、音乐、艺术、美丽的人、深刻的对话、诗歌、令人深思的文字、渗透你细胞的深刻感受。你的整个系统都渴望着它!徜徉其中吧,感受新鲜咖啡的特殊香味、微小善意带来的感动,太阳、星星和月亮的美丽。沉醉于艺术、绘画或小说中吧,忘记周围的一切。从现在开始每天至少一次用美丽的小火花替代消极沉重的想法,让自己享受其中的快乐,哪怕只是一小会儿。和那些让你感到幸福的人在一起。让快乐和轻松充盈你的内心。

好好照顾自己,享受纯粹之美并从中收获无穷的乐趣!

练习:百年橡木

在房间里找一个舒适的地方,例如床前或你最爱的角落。然后站起来,放松站几分钟最佳。

稳稳地将脚踩实。感受你的脚底、脚趾、脚掌和脚踝。缓慢地逐步将你的注意力转向小腿和胫骨,继续站稳。充分感受当下与地面的接触,感受腿和大地连接的感觉。思维继续向上直到髋部,感受从下半身传来的力量。在这里停留片刻,感知你的力量与坚韧,有节奏地平稳呼吸。

现在想象自己是一棵百年橡树,一棵巨大而坚实的树。美丽、强大、巨大而坚不可摧。你深深扎根于大地。想象你的树干延伸出坚韧又宽广的根系,钻入地下。它们为你提供保护,让你变得强大,没有什么可以将你推倒!你的腿变成了树干,感受来自这个树干的力量。你在这里坚强又坚挺,根深蒂固,粗大坚实。

现在想象你的上半身变成了树冠,手臂变成了树枝。也许你想舒展树枝,抑或让它们随意地垂挂在你的树干上。选一个对你来说恰到好处的动作,保持与大地的联系,让心灵与大地持续沟通。想想你站在这里并且深深扎根,树干在风雨中坚不可摧。风大吗?狂风怒吼吗?下雨了吗?

▶ 好妈妈需要高敏感

阳光是否温暖地照在你的叶子上？你就站在这里抵御着天气的侵袭，抵御着风，没有什么可以动摇你，没有什么可以将你推翻。没有风强大到能穿透你的根系，没有风暴能够将你从此地带走。你是强大的，你是坚不可摧的。

想象一个让你感到满足快乐的场景。也许你喜欢细雨轻拂树叶的感觉，或是美妙的春日阳光洒向树冠。你可能想摇摆一下，将树叶哗哗洒向地面。又或者你喜欢寒冷清新的感觉，喜欢树枝上闪烁的雪花，世界被宁静笼罩，也为你带来了神奇的安宁。

无论你此刻喜欢什么，看到了什么，都想象自己是一棵百年橡树。在这里扎根，在雨中、风中、阳光下、雪中，树叶或许并不厚重。然后沉浸下来，想待多久都可以。享受这种静谧，感受来自内心深处的力量充斥着每一个毛孔。你心底知道自己已经这样过了 100 年，还将再生长 100 年。

- ●没有什么能击垮你。
- ●没有什么能将你带走。
- ●你很强壮。
- ●你很有力量。
- ●你是有智慧的。
- ●你坚不可摧。
- ●你坚定不移。
- ●你是一棵百年橡树。

尽可能久地沉浸在这个画面中，感受自己的力量。当你觉得是时候移动了，就慢慢地用手臂画圈、晃动。首先将注意力集中在上半身,然后是臀部。轻轻唤醒你的细胞,向下感受双腿,让它们动起来。接着将注意力转移到小腿、胫骨、脚踝和脚掌,慢慢活动脚趾和脚部肌肉。当你感觉准备就绪,开始释放自己的根部,将其拉回你的双脚双腿中,记住它一直都在那里,就在你的体内,随时准备与大地接触。

感受腿部和全身的力量,然后慢慢放开。你随时可以回到这里,再一次扎根、再一次抵达身体之中。

接下来的几天抓住更多机会让自己变为一棵百年橡树,然后沉浸几分钟。这个小小的冥想非常适合在困难或开始紧张对话前进行,也可以治愈情绪上的创伤。因为百年橡树是强大的、坚定不可动摇的,就像你一样。

继续上路前,抛下多余的包袱

很多东西都会留下来被你装入自己的背包带走。然而,当一个新的人生阶段开启时,总有一些东西需要放下,再也用不上了,这时候就需要将它们从背包中拿出来放到别的地方,因为它们太占地方、太沉重了。你肯定知道我在说什么,而且你现在可能在头脑中已经有一些想法了。

你如何看待自己的观点与性格?也许是时候摒除自责了,不要再认为自己只有缺点。你对自己和未来的责任如

> 好妈妈需要高敏感

何看待？接下来应该怎么做呢？这也许是从背包中抛掉恐惧的机会吧？你还觉得有些情感的存在是错误的吗？还是你已经准备好打破围栏，将它们的碎片扔进垃圾桶了呢？

那就去做吧。我诚挚地邀请你们最后一次做个练习。拿起一个气球，然后把一切不再需要的东西都吹进气球里。吹啊吹，把一切该离你而去的东西都吹进去。

看一看你的气球，但不需要把它绑起来。气球里现在已经装满了所有曾让你感到沮丧、沉重的东西，现在它们不再陪伴你了，以友好的方式道个别，说声"谢谢"，然后……

"放手吧。"

后　记

> "天堂不是某个地方，而是一种心境。"
> ——佛陀

你知道为什么我不再在超市里四处盯着其他家庭了吗？原因很简单，因为我知道这会让我受到过度的刺激。光是超市就足以让我刺激到需要全神贯注。我花了几年时间才明白想要平静地逛超市，唯一的办法就是改变内心的态度。但那时我还没有这本书，也没有这些知识。世界按照自己的节奏运转，无人能干涉，它并非为了故意让我烦恼或是考验我。我们首先要明白，不经我们允许，没有人会来改变我们。

但是，如果我们能够勇敢地克服阻力，善待自己，就能为自己创造出无限的成长空间。今天我可以不再环顾四

▶ 好妈妈需要高敏感

周的家庭，我可以不再与他人比较，因为对我来说自己平和的心境更重要。我也知道我很好，我们每个人都很好。我知道我们有力量和权利打破现有的结构，重建一个重视、欢迎且保护我们所有人的社会。

明天我们的孩子将长大成人，也要生活在这个世界上，就像现在一样。如果我们希望孩子能够生存，能够坚韧但又保留自己的个性，如果我们希望他们停止质疑自己，和谐、顽强、安全又快乐地生活，那么我们就必须从今天开始这样看待他们。

我们的孩子很重要，但更重要的是我们自己。

亲爱的读者，你即将合上这本书继续自己的旅程。可能你会偶尔回到这里挑选一项练习，为令人兴奋的新经历、新挑战做准备。可能当你从独处中受益，你会回来抚摸一下这本书的封面或书页。也可能你再也不会拿起它。无论你如何继续前行，朝哪个方向奔跑，无论你想做某项练习还是永远都不想再尝试……有一件事我很肯定，那就是你现在就很好，足够好了。

"充实生活所需的一切都已经在你心中。"

因为你的高敏感性正是为此而生：在五彩缤纷的世界和你的资源之中感知、感受与体验。你十分擅长这件事，

| 后　　记 |

你值得拥有这项天赋。总有一天你会改变世界。

◇

"你需要出发。"

我祝愿你的生活充满快乐与光明，充满美妙与奇迹。相信我，你还不知道自己能生活得多美好、多快乐！

沿着你自己的道路前行，做个快乐的人。

做你自己。

致　　谢

　　写这本书确实不是一件容易的事情，因为有许多想法已经在我的大脑中盘旋了多年。它们总是在我做咨询和谈话时跳出来，但从未被系统地整理过。现在，我可以宣布本书已经完成，我再次对一切表示感谢。我的思想杂货铺变成了一份珍贵的宝藏，为我在乎的人们提供帮助，无论是我认识还是不认识的人。因此我要感谢所有在过去几年里帮助我满足求知欲的人，让我继续学习和成长的人。

　　我想要感谢的名单很长，但排在首位的有两个名字。没有他们就没有这本书：颂雅（Sonja）和克里斯蒂安（Christian）。

　　颂雅，我的朋友，我的灵感之源。感谢你所有的问题，它们引发了许多的深刻对话；感谢你富有创造力和批判性的交流，总是激励着我要继续学习，了解更多、永不停歇。"写一下你的硕士论文吧。"你说。这也是这本书的缘起，我永远都不会忘记。

　　克里斯蒂安，我的丈夫和灵魂伴侣。没有你就不会有

致　谢

这本书，因为我会饿死、渴死在书桌前。感谢你的关心和理解：为我创造的空间、切好的西瓜、倒的水、沏的新鲜咖啡……我感谢你每一个真心的举动，是你让我的创作成为可能，让我真心地相信自己的豪言壮语有一天会成为一本指南。

我还要感谢我其他的家人和好朋友，他们给了我鼓励、关爱与倾听，还有儿童看护。特别想感谢一下我的高敏感的母亲，通过这本书她将成为我的不朽。我今天对他人的感恩都是你教给我的。我从你那里学到了所有的理解、倾听、知识，了解了何为努力与疲惫，但最重要的是坚持、站起来、继续前进、边笑边跳舞、享受生活。你是我的偶像，我要向你学习，因为我现在知道了抚养孩子是多么艰辛。

最后我要感谢在过去几年中找到我的无数高敏感母亲。你们向我倾诉，让我产生共鸣。感谢你们，因为你们让我能够从事自己热爱的工作。感谢你们让我活得充实，并将这种充实传递给你们。感谢你们、你们的故事和你们优秀的孩子。

未完待续。